시로 새기는 민족 비극사 **제2권**
꽃진 자리에 검은 강이 흐르고

박원희

청주에서 태어나 자랐다. 1995년 『한민족문학』으로 작품 활동을 시작하였다. 현재 한국작가회의 충북지회 회원, 민족문학연구회 회원, 엽서시동인, 충북민예총 부이사장이다. 시집으로 『나를 떠나면 그대가 보인다』 『아버지의 귀』 『몸짓』 『방아쇠증후군』 『아내』 『고양이의 저녁』 등이 있다.

생명과문학 시선 10 박원희 시집
시로 새기는 민족 비극사 제2권
꽃진 자리에 검은 강이 흐르고

지은이 | 박원희
펴낸이 | 김윤환
펴낸곳 | 생명과문학사
1판 1쇄 펴낸 날 | 2025년 11월 12일
등록번호 | 제2014-000007호
등록일자 | 2007년 3월 30일
주소 | 경기도 시흥시 하중로 203 (3층)
대표전화 | 02-2275-3892, 031-318-3330
팩스 | 050-4471-3892, 031-318-3370
이메일 | lifepen2021@hanmail.net
출판관리 | 열린출판디자인
2025ⓒ박원희

- 이 책은 전부 또는 일부 내용을 재사용하려면 저자와 생명과문학의 동의를 받아야 합니다.
- 이 도서의 국립도서관 출판도서목록은 서지정보유통서비스시스템 홈페이지와 국가자료공동목록시스템 에서 이용하실 수 있습니다.
- '생명과문학'은 '열린출판디자인'의 출판브랜드입니다.
- 이 책은 저자와의 협의에 의해 인지는 생략합니다.

ISBN 979-11-990340-7-5 값13,000원

시로 새기는 민족 비극사 **제2권**

꽃진 자리에 검은 강이 흐르고

박원희

생명과문학

■ 시인의 말

  2002년 충청북도 괴산군 사리면 보도연맹 등 해방 후, 한국전쟁에서 죽은 민간인 학살자 유족 증언 대회 때 처음 학살자유족들을 만났다. 그로부터 20여 년이 지났다. 그때 그곳에 같이 갔던 유족 중 한 사람인 신경득 교수님은 정년 퇴임을 하신 지도 오래 되었는데 세상에는 바뀐 것이 없다.
  진실화해위원회는 윤석열 정부를 거치면서 유명무실화되었고, 학살지라고 밝혀진 여러 곳에 세운 안내문 안내판도 훼손되거나 없어진 곳이 다반사이다. 유족들도 언제부터인가 유족보상금을 받으면 흐지부지 모이는 것이 끝나고, 정권이 바뀌면 어떻게 될지 모르는 지경에 이르고 보니 무언들 또 족두리를 씌워 어디로 갈지 모르는 시대다.
  지금도 유족들은 빨갱이 그러면 혹 자기를 지칭하는 말로 두려워한다. 해방 80년 한국전쟁 75년 그래도 세상은 변하지 않았다. 유골이 잠든 곳은 유원지가 되고, 관광지, 식당 등이 되고, 안내 간판이 없어지고, 더러는 사방댐이 개발되어 파헤쳐지고 흔적을 찾을 수 없다. 이 원혼은 누가 달래어 줄 것인가? 80년 75년 더한 역사가 흘러도 지워지지 않을 시의 기록으로 남긴다.
  시의 눈을 뜨게 하고 세상을 바로 보는 눈을 뜨게 한 신경득 교수님께 감사한다. 청주에서 열심히 문화운동으로 '기억 전쟁'을 쓴 운동가이자 작가이신 박만순 선생에게도 경의를 표한다. 그리고 부족한 원고에 해설을 붙여주신 김윤환 교수와 기꺼이 출판해주신 '생명과문학'에도 감사드린다 그리고 민간인 학살로 돌아가신 영혼들도 편히 잠드시길. 힘든 현대사를 산 유족들에게도 편안한 안식이 오길 기원한다.

                                2025년 을사년 가을에
                                      저자 올림

시로 새기는 민족 비극사 **제2권**
꽃진 자리에 검은 강이 흐르고

■ **목차**

시인의 말 · 5

4부 한국전쟁 초기 보도연맹 및 형무소재소자의 학살2
　해남 송지면 어란진 갈매기섬 보도연맹원 학살 · 10
　완도군 보도연맹원 학살 · 12
　옥천군 보도연맹원 학살 · 14
　영동군 어서실 보도연맹원 학살 · 16
　사천 보도연맹원 학살 · 18
　고령군 보도연맹원 학살 · 20
　밀양 보도연맹원 학살 · 22
　비금도 보도연맹원 학살 · 24
　영동 학산 이규성 경산코발트광산에서 살아오다 · 26
　강성갑의 죽음 · 28
　울산 보도연맹원 학살 · 31
　영천 보도연맹원 학살 · 34
　통영 보도연맹원과 부역자의 학살 · 37
　양산 보도연맹원 학살 · 39

5부 전쟁 중 초기 수복 부역 혐의로 학살
　금정굴의 통곡 · 42
　代殺(충주 엄정면 학살) · 44
　영암 수복 학살 · 46
　김포 부역 혐의 학살 · 50

6부 전쟁 중 토벌 산 사람과 가까이 산 죄로 학살
　나주군 다도면 학살 · 54
　영암군 탈환 학살 · 61
　영암 구림 학살 · 63
　남원지역 민간인 학살 · 65
　영광 불갑산 빨치산 소탕 작전 · 67
　회문산 쌍치리 학살 · 68
　임실군 남산광산 학살 · 70
　고창 월림 집단 학살 · 72

7부 한국전쟁 끝나고 토벌에 의한 학살
함평 11사단의 학살 · 76

8부 좌익에 의한 학살
박순기 인민군과 지방 좌익에 의한 죽음 · 80
청주에서 인민군에 학살 · 81
양평호 수장 학살 · 83
홍성군 좌익에 의한 학살 · 85
나방환 일가의 죽음 · 87

9부 미군에 의한 학살
노근리 평화공원 · 92
의령 미군 포격 학살 · 96
포항 여남동 헤이븐호 함포 포격 학살 · 99
포항 기계천 폭격 학살 · 101
은옥순씨의 1·4후퇴 · 104
예천군 산성리 폭격 학살 · 106
단양 곡계굴 학살 · 108

10부 사는 이야기 살려준 사람들 의인 이야기
이응찬과 경찰 · 112
남정식 청주 강서면 지서장 · 114
안종삼 구례경찰서장 · 116

11부 전쟁 그 후의 이야기
도장골에 비가 내리고 · 120
뼈잿골에서 · 122
주름 꽃 · 125
침묵의 노래 · 127
밥 · 132
하늘나라에도 별이 있는가 보다 · 135
뜨거운 여름 이야기 · 137

해설_ 시로 쓰는 민족비극사에 담긴 한의 서정 / 김윤환 · 142
참고문헌_ · 158

시로 새기는 민족 비극사
제1권 동백도 울고 하늘도 울었네

목차
시인의 말/
1부 해방
　　아침 햇살/ 해방/ 건국준비위원회/ 미군정/
　　이승만 정부/
2부 한국전쟁 전 학살
　　46년 대구의 시월 항쟁/
　　4·3 새벽 2ㅣ 제주 무장봉기 주민 토벌 학살/
　　4·3의 가운데 김익렬, 문상길, 박경진/
　　여순 사건 이후 학살/ 여순사건 연계 순천학살/
　　거제도 야산대 토벌 학살/ 동명이인 옥치구 씨의 죽음/
　　산청 시천, 삼장 학살/ 소년 문홍주와 낙안면 신전마을/
　　함평양림 학살/ 문경 석달마을 학살/ 영덕군 지품면 학살/
　　경주 내남면 민보단장 이협우/
3부 한국전쟁 초기 보도연맹 및 형무소재소자의 학살1
　　보도연맹/ 김해 보도연맹원 학살/
　　청주 오창 창고 보도연맹 학살/
　　청주 보도연맹원, 청주교도소 수감자 학살/
　　미국의 라이카 카메라/ 울진 국민보도연맹원 학살/
　　마산 괭이 바다 학살/
　　7월의 처형 군위군 우보면 골짜기 보도연맹원 학살/
　　영덕군 보도연맹원 학살/ 대구 보도연맹원 학살/
　　순천 구랑실재 보도연맹원 학살/
　　건준 치안부장 이덕우 보도연맹원의 죽음/
　　보은군 아곡리 보도연맹원 학살/ 함평 보도연맹 학살/
　　예천군 보도연맹원 학살/ 경주 보도연맹원 학살/
　　보성 보도연맹원 학살/ 나주 온수골 보도연맹원 학살/
　　여수 보도연맹원 학살/ 진주 보도연맹원 학살/
　　제주도 섯알오름 학살

4부
한국전쟁 초기 보도연맹 및 형무소 재소자의 학살2

해남 송지면 어란진 갈매기섬 보도연맹원 학살

- 1950년 7월 16일 어란진 사람들 갈매기섬으로 가며 수장 갈매기섬에서 총살 학살의 흔적을 불태운 사건

200여 명이 갇힌 어란진 수협창고
해남의 보도연맹원들
예비검속 자
손이 묶여 200여 명이 갇히기에 좁은 창고
여명이 찾아온 아침
소란한 소리와 함께
"전부 밖으로 나와!"
사람의 몸에 돌을 하나씩 묶여 배를 탔다
큰 돌을 다는 이유를 물으면
개머리판, 군홧발이 쫓아왔다

출발 소리와 함께
돛단배(범선)는 천천히 움직였다
목적지는 갈명도
일명 갈매기섬
해남과 진도 중간에 있는 무인도
두 명이 돌을 매단 한 사람을
바닷물에 던져 수장시켰다
"살려주시오!" 하는 말
아랑곳하지 않고

"같이 죽자."
소리에 총을 쏘고
저항할 수 없이
돌을 단 이유를 알면서
깊은 바다에 빠졌다

나머지 사람들은 갈매기섬까지 갔다
섬에 사람들을 줄지어 세워
기관총 앞
드륵 드르륵 드륵
갈매기섬의 동백꽃처럼 수 없는 목숨
떨어지고 떨어지고 떨어지고
붉은 동백으로 지고
학살을 끝낸 돛단배(범선)는
육지로 돌아가다
뱃머리를 되돌려 와
석유를 뿌리고 불을 질렀다
검은 연기가 섬을
그을음이 섬을 둘렀다
흰옷의 시체들이
떼 무덤 같아 불을 지르고
학살의 흔적을 불 지르고
경찰은 갔다
갈매기섬
말하지도, 말할 수도 없던 그 날
검은 그을음 유골만 남았다

완도군 보도연맹원 학살

- 1950년 7월 17일 완도군 장영호, 동진호에 실려 수장, 군외지서 바닷가에서 총살

장영호, 동신호에 실려
신발을 벗기고 줄줄이 묶여
죽으러 가는 줄 알았던 완도
보도연맹 사람들
명사십리 수려한
신지도 앞바다에 수장

군외지서 옆 바닷가에서 총살
바닷물에 휩쓸려 가는 것을
주민들이 가매장
시신 수습

시체로 누워있는 섬
사이를 시체들이 지나가고
고기밥이 된 시체들이
없어져 가고
바닷물에 낙오되는 뼈
물의 노래가 되어
철석철석
해안을 다녀가고
낮 밤 없이 울어 대는
낯선 섬에서의 고독의 방황을 하는 영혼들

고향의 섬
완도에서

평소처럼 며칠 있으면
훈련 교육 마치고
돌아올 줄 알았던
사람들 모두
수장 되어
고기밥이 되고 만 사람들
바닷가에서 총살되어
동네 사람들이 가매장 한 사람

죽어서도 손이 묶여 떠다니던 사람들
신지도와 완도 사이
모두 보도연맹원들 이었다

아무도 울지 못하는 바다
섬사람들이
살고 지던 곳
젊은 날을 뒤로하고
자식, 아내, 부모, 남편
모두를 두고 떠나간 한으로 바다는
썰물 밀물로 울고 있다

옥천군 보도연맹원 학살

- 1950년 7월 17일 국민보도연맹원 소집 학살

옥천경찰서에 연행 유치 방에 3일 구금 후
학살된 사람들
불귀의 객이 된
시신도 썩고 어디에서 죽은지도 모르는
사람들
동이면 평산리
청성 지서에서 연행
청산 지서로 이송 손발을 묶였다가
동이면에서 사살 소문
옥천경찰서 연행된 또 다른 사람들
옥천경찰서 경찰에게 희생
전쟁 직후 청성 지서 경찰에게 연행
청성면 화성리 도로변 사살
청산 지서에 구금
군서면 월전리
사살 소문 시신도 못 찾은 사람들
옥천읍 금구리에서 사살된 사람
청성지서로 동네 사람과 회의 있다고 연행 희생
청성지서로 연행자들은 청산지서로 이송 희생
동이지서로 연행된 마을 청년들 사살
다른 동네 사람들도 동이면에서 죽음
지서의 주임은 집에 가 점심 먹고 오라고
도주 기회 점심 먹고 다시 돌아간 사람 정구상

옥천 동이면 평산리에서 죽었다

죽음도 시신이 썩어 찾을 수 없던
수해에 유골들은 지상으로 드러나고
유골, 신발, 묶은 철사는 드러나고
수습된 유골들은 공원묘지 한쪽에 이장했다

모두 전쟁 전 보도연맹원들
예비검속을 통해 불러 모으고
순진하게 전쟁 전처럼 훈련이나 노역을 하는 줄 안사람들
모두 죽어 시신도 썩어 불상
찾을 수 없어, 버려져 매장된 주검

죽은 사람은 살아 오지 못했다

영동군 어서실 보도연맹원 학살

- 1950년 7월 18일 국민보도연맹원 소집 학살

예비검속은 7월18일
부용리 어서실
영동경찰서에 소집
경찰서 마당에 집결
트럭에 실은 후
마차 다리 건너
대전 방면 어서실에
미리 파 놓은 두 개의
구덩이에 사람들을 박아 놓고
총을 쏘았다
그리고
흙으로 덮었다
구덩이는 3~4일간 꿈틀거렸다
약 100명이 넘는 사람들
모두 죽었다

이렇게 죽어간 사람들이
옥천 영동 보은
보도연맹에 가입한 사람 모두
두 명씩 광목, 삐삐선, 철삿줄
도망가지 못하도록 묶여
가까운 천변

산골짜기
공동묘지
고갯마루
벗어나지 못하고
불귀의 객이 되어
빨갱이가 된 사람들
연좌제에 묻혀
사는 것이 지옥이 된 사람들
죽은 사람의 한과
산 사람의 슬픔이 우는
풀어 헤치지 못하는 사연이
눈물의 구덩이에 넘쳐 오르는

저 산
저 언덕
저 개울
저 후미진 웅덩이
산하여

사천 보도연맹원 학살

- 1950년 7월 24일 국민보도연맹원 소집 학살

국회의원에 출마한 김대지 행방불명
김사도 지서로 연행 온정리 야산에서 시신 수습
강종식 지서에서 소집 별벽에서 총살
손장세 질매섬에서 학살
사천극장에 있던 수백 명 석계리 야산 총살
손판조 삼천포경찰서에 출두 질매섬에서
보도연맹원들과 50~60명 전화선 사람들을 묶어
미리 파놓은 구덩이에서 학살
손봉섭은 삼천포경찰서에 구금
노산공원 구덩이에서 50명 학살

보도연맹원들은 사천에서도 목숨을 건질 수 없었다
예비검속에 빠지지 않고 쫓아가
수장되거나 총살당한 사람들
포승에 묶여 저항 한번 하지 못하고
이승 행 막차를 탄 사람들
어디에서 삶과 죽음을 호소할 것인가
땅의 구덩이는 무덤이 되었고
바다의 물길은 고기밥이 된
행방을 알 수 없는
전쟁 군인보다 민간인으로
죽어간 호곡도 할 수 없고

시신도 보기 어려웠던 한 많은 시간이
흘러가도 회복 불능의 시간

고령군 보도연맹원 학살

[1950년 8월 2일 17연대 백인엽 부대에 국민보도연맹원 착검한 총으로 척살]

가야의 숨소리도 머금고 고요한 땅 고령에서도 보도연맹원의 죽음의 소리도 어김없이 들려왔다. 모두가 빨갱이도 아니었고, 모두가 공산주의자도 아니었다

한국전쟁 발발 [전국요시찰인 단속 및 전국 형무소 경비의 건]
  1950년 6월 29일 [불순분자 구속의 건]
  1950년 6월 30일 [불순분자 구속처리의 건]
  구속자들은 상부의 지시가 있을 때까지 석방을 금한다
  1950년 7월 11일 [불순분자 검거의 건]
  치안 국장의 통첩이 잇달았다
  보도연맹원, 요시찰인 예비검속 되었다
  자진 출두하지 않은 사람은 경찰이 연행하였다.

이들은 17연대에 의해
연대장 백인엽에게 살해되었다.
낙동강이 흐르는 강변에서 총살되고
착검한 총으로 척살되었다

금산재에서는
경찰 사찰계 차동섭에의해 모두 죽었다

모두 예비검속된 사람들

대가야의 긴 역사가 흐르는 고령
강변에는 백사장이 검게 물들고
화암 금굴이 아우성이었으며
금산재의 곡소리가 끊기고

밀양 보도연맹원 학살

- 1950년 8월 10일 국민보도연맹원 소집 학살

낙동강의 지류 밀양천을 따라
맑고 깨끗한 인심이 피어나고
한국전쟁의 전장도 아니었던
사람들은 죽음의 골짜기 골골
청도군 매전면 곰티재
안태리 골짜기
산내면 봉의리 뒷산
산내면 용전 다리
밀양 삼랑진 임천, 깐촌굴
삼랑진면 작원관 뒷산
총을 맞고 낭떠러지로 간 사람
삼랑진 낙동강 철도 변에서
밀양을 타고 흐르는 산맥과
산맥 사이 행방불명 된 사람들
삼랑진 밀양천이
낙동강과 합수하며 백사장은
무덤이 되었다
보도연맹원
전쟁터가 아닌 곳에서도
몸 붙일 곳이 없는
사상도 삶도 모르는 사상범
나라도 어찌할 줄 모르던

경찰이 불러 가는 곳에서
군인이 불러가는 곳에서
인간이 아닌 육신은
물질로 환속 된 사람들
골짜기마다
계곡마다
평상복으로 손은 뒤로 묶어
죽는다는 아스라함에
죽으러 들어가는 가는 길을 갔다
갑·을·병 분류 병종은 살았다
8월 14일 학살 금지 명령이 떨어지고
죽음을 넘어선 사람들
김원봉이 월북한 후 그의 동생들은
밀양경찰서로 연행하였으며
봉기, 용봉, 덕봉, 구봉
모두 행방을 알 수 없었다

비금도 보도연맹원 학살

- 1950년 7월 28일 국민보도연맹원 소집 학살

목포형무소
보도연맹원
목포형무소 관할지역
보도연맹원들은
끌려온 당일 밤
하루의 꿈도 꾸지 못하고
어디론가
실려 갔다
국군도
경찰도
해군 목포사령부도
CIC도
인민군에 밀려
목포 앞바다
신안의 섬들을
병풍처럼 두르고
비금도 앞바다에 수장하였다
그들의 마지막 배는
금강호
영원한 꿈은
큰 바다로 떠나가고
삶도

사랑도
죽음도
건지지 못한
비금도 바다
지금도 바다
못다 이룬 꿈들이
먼바다로 떠나고
남은 사랑도
고기밥이 된
보도연맹원이 서럽게 우는 파도 소리

영동 학산 이규성 경산코발트광산에서 살아오다

- 1950년 7월 28일 이규성 국민보도연맹원 경산 코발트 광산에서 살아오다

경산중앙국민학교 운동장
청년방위대원은 모였다.
"보도연맹원은 빨리 나와."
"집회에 참석한 사람도 다 나와."
"집으로 돌려보내 준다."
학산면 중대 이규성 앞으로 나갔다.

어떤 사람은
"멀리서 본 사람도 해당되나요."
군인은 "그렇다."
"아저씨도 봤잖아요."

이들은 모두 경산 코발트광산으로 갔다.
수직굴 앞에 선 이들
굴 아래로 총소리와 함께 떨어졌다.
깊이를 모르는 무저갱
떨어져 이승의 목소리는 들을 수 없었다.
바닥의 시신들은 수평갱으로 밀려
켜켜이 쌓였다.

이규성은 총알이 빗겨 갔다
이규성도 지옥의 아수라 속에
시체를 밟고 섰다.
깊은 밤.
하늘이 보이는 구멍으로 미끄러지면서,
무저갱의 끝을 바라보며
무조건 올랐다.
굴 밖을 나온 이규성
개울에서 옷을 빨았다.
핏물에 젖은 옷은 핏물이 빠지지 않았다.
코발트광산
무저갱에 빠진 사람은 그렇게 죽고,
자신은 살아왔다.
아슬하게 들리는 소리
"발사!"
땅. 땅. 땅.
그의 발자국을
의식 속에 따라오고,
신음.
아우성.
하늘의 별을 볼 수 없었다.

강성갑의 죽음

- 1950년 8월 1일 강성갑, 최갑시 총살 교육자 강성갑의 죽음

경남 김해 대산면 수산리 낙동강 변 수산 다리
강성갑과 최갑시를 끌고 와
백여 발의 탄환을 쏟아부었다
목사이자 교육자인 강성갑은 현장에서 죽고
최갑시는 다리에 부상을 입고
강을 헤엄쳐 살았다
강성갑의 시신은 퉁퉁 부은 채
오리 아래 강에서 발견되어
한얼중학교 교정에 묻혔다
그 자리에 흉상을 세워 그를 기리고 있는
무궁화꽃 같은 사나이 강성갑

최갑시는 지역유지
강성갑은 한얼중학교 교장
교육자이며 목사였다
강성갑은 교직원을 채용 시
이념을 가리지 않고
빨강이냐 노랭이냐를 구분하지 않고 채용
덕망이 높은 행동 하였다

시국대책위원회는
최갑시, 강성갑

'공산주의자 강성갑과 최갑시는 살려 둘 수 없습니다.'
이석흠 시국대책위원장은 무엇 때문에 공산주의인지 따지지도 묻지도 않고, 단지
목사이자 교장인 강성갑
죽였는가
지역유지인 최갑시는 눈엣가시
보라색 아침에 피는 나팔꽃인지
수줍어 피는 속이 빨간 무궁화인지
전쟁의 참화를 이용해
제거하고 싶은 꽃은 떨기로 지고 만 것

김해는 낙동강 전선이 구축된 북한군 미점령지역

강성갑은 일제시대 창씨개명 거부하고
연희전문학교 시절 윤동주와 교류하고
해방 후
배우고 싶은 사람을 위해
중학교를 세운
강성갑 수산 다리에서 학살되어
오리 아래
퉁퉁 부은 시체로 발견된 주검
수많은 사람이 강성갑의 죽음을 보러나왔다
종려나무가 되어 수없는 꽃을 피우고 싶었던
강성갑
학살자 앞에서 그의 기도 소리
"아버지, 저 사람들을 용서하여 주십시오, 그들은 자기가 하는 일을 모르고 있습니다."

"주여. 이 겨레, 이 나라를 가난과 재앙에서 건져 주시옵고 한얼을 축복해 주시옵소서"
기도와 함께 죽은 목사이자 교장이며 교사인
강성갑
그가 공산주의자인가
그가 빨갱이인가
반역자인가
그는 죽었다

종려나무처럼
자신을 희생해
꽃 피고
열매 맺고자 했던 아름다운 사람
강성갑 그는 죽었다
한국전쟁의 무고한 학살이었다

울산 보도연맹원 학살

- 1950년 8월 5일 국민보도연맹원 소집 학살

인민군 점령지도 아닌 곳
무엇이 무서워
예비검속 -조선 정치범 구금령-
일제시대나 있던 법으로
3개월간 억류
코밑에 닥친 인민군이 무서웠나
아니면 국민을 버리고 달아난 대통령의 뒤가 무서웠나
모두 죽여 버렸다
백두산 정기가 마지막 머무르며
바다로 이어지는 산야에서
남도의 끝 울산
이제 막 피어나는 꽃이었는데
열매도 달지 못하고
무엇하나 말하지도 못하고
저항해보지도 못하고
대운산 골짜기 불귀의 객이 되었다
노방산이 반정 계곡 골짜기
울음소리도 멈추고 죽었다

머슴살이 면하게 해 준다
땅을 나누어 준다
군대, 부역을 면제해 준다

죄를 없애 준다
버스를 공짜로 태워 준다
경찰훈련을 한다
젊은이들 단체로 가입한
국민보도연맹

국민보도연맹
좌익에 협력해야 가입하는 보도연맹
아무것도 안 한 사람도 가입 했다

모이면
강제노역
제식훈련
죽창훈련

평소처럼 통지서를 받고
내 발로 걸어갔다
3개월 감금되었다
죽었다

인민군에게 협조하지도 않았고
정부가 시키는 대로 한 죄밖에 없는데

먼저 불려간 사람은 돌아오지 않았다

그 혼은 대운산 계곡
반정계곡 골짜기

빠지지도 않은 사상의
깊은 계곡에서 나오지 못하고

4·19 지나면서 살아오는 역사의 혼을 푸는가 했는데
부관참시의 역사만 남긴 채 사라지고
울산의 원혼은 구천을 떠돈다

영천 보도연맹원 학살

- 1950년 8월 7일 국민보도연맹원과 일반 수형자 학살

한국전쟁
국민보도연맹원은 인민군에 동조 가능성이
학살의 원인이 되었다
북한의 점령지역은 되지 않았으나
인민군과 전선이 형성된 영천
대구와 부산을 이어주는 주요선상이었다
전투는 치열하였다

영천지역은 낙동강 전투의 격전지
인천상륙작전까지 국방군과 인민군이 대치
영천의 남쪽 지역은 인민군이 진출하지는 못했다

보도연맹원의 학살은
북쪽의 임고, 자양면 단위에서 대규모로 발생했다

1946년 9월 노동자 총파업
같은 해 10월 식량 공출에 따른 주민봉기
영천지역이 소작 관계의 갈등
귀한 동포의 유입으로 인구증가
민생문제로 일어났다

1950년 2월

남로당 가입자를 중심으로 좌익의 세력들을
선무공작과 자수자들을 모아
보도연맹을 결성 하였다

1950년 8월 9일 항일운동을 했던 이재관은
따로 벌바위 인근에서 죽였다

화북면 용계동 이기재 고개
국군에게 사살
영천결찰서에 구금되었던 사람들 행방불명 운주산 골짜기
화산면 피해자는 화북면 선천동
선관마을 뒷산 골짜기에서 사살
임고면 수성리 운주산 골짜기
군인들이 미리 기관총을 설치해 놓고 살해하였다
영단 창고에 있던 사람들 차로 싣고 가
두 사람씩 묶어 저 산을 건너가라
일주일 이상 굶은 사람들은 걸을 수 없고
기관총으로 드르륵 드르륵 실컷 쏘아 모두 죽이고
살아있는 사람은 머리에 대고 확인 사살의 총을 쏘았다

금호면의 젊은 사람들은
보도연맹에 가입하지 않은 이들도 연행
창고에 가두었다
죄질이 가벼운 사람은 보름이 지난 후 풀려나고
연행된 나머지는 모두 도유동 뒷산에서 처형
되었다

항일운동을 한 안경수도 이때 죽었다

영천읍 함락 일주 전
반정동 골짜기, 대창면 골짜기, 고창면 골짜기 등
집단 살해
수복 후 현장에 가보니 시신은 모두 한꺼번에 썩어있었다
의복의 바느질을 보고 시신을 몇 명은 확인했으나
나머지는 확인 불능이었다

고경면도 좌익활동이 활발했던 지역으로
50년 8월 7일 임고면 아작골에서 살해하고
7월 29일 단포 지서에 있던 사람들이 죽고
8월 7일 고경 지서 사람들은 상덕동 골짜기 총살

600여 명의 희생자
모두가 불귀의 객이 되고

그 후에
사람들의 말
"가창 가는 것 아니냐?"

이미 보도연맹은 불순분자조직으로
공산주의 전선 조직이었다

통영 보도연맹원과 부역자의 학살

- 1950년 8월 17일부터 여러 날 국민보도연맹원 소집 학살과 3~4일 만에 수복 부역자 학살

무지기고개에서
보도연맹원들은 무참히 학살되었다
비 오는 날
광도면 안정리 황리 사람들 모두
불려가며
"형님 농사 잘 지으시오"
"못 간다. 지금 가면 죽는다."
"괜찮소" 하며 간 장점금, 전금도 등도 무지기고개에서 총살
당시 황정리와 안정리 보도연맹원 모두 소집 희생되었다.
시신을 찾고, 수습하려 했으나 경찰의 총격으로 못하였다.
강만준, 홍남식, 김세곤, 신홍구 등 15명
신홍구의 시신만 수습하였다.
시신 구덩이는 다섯 개
한 구덩이 50명
냄새는 나는데 흙으로 덮어놨지
멸치 잡아서 창고 재듯. 딱
사신을 찾으려고 손으로 막 뒤졌지요
다 미쳐 있었다
총살은 여러 날 계속되었다

이후 인민군에게 점령 되어
부역자들이 나왔다
배를 가지고 인민군을 태워 인민군의 후퇴를 도와준 사람
인민군에게 밥을 해준 사람
인민군 활동에 배를 대준 사람
주민들을 차출하여 방공호 판 사람
인민군의 위협에 소를 잡아 준 사람
당시 구장의 위치에 있던 사람

위 사람들 모두 통영 앞 한산도 바다 등에 수장했다

멸치 창고에 갇혔던 사람들은
고문으로 매 맞다 죽거나 총살당하였고

북한군 점령 3~4일 만에 탈환한 통영은
보도연맹 사건에 죽고
부역자로 죽고

양산 보도연맹원 학살

- 1950년 8월 17일 국민보도연맹원 소집 학살

전 좌익활동가
농민조합 가입원 등을
면장, 군수 등의 권유로 가입
쌀 한 되라도 준 사람은 가입하면
시달림은 없을 것이다
삼산국민학교장에서는 보도연맹에 가입하지 않으면
대한민국 국민이 아니다. 는 유지들의 연설
지서에서 소집
목화창고 구금
경찰서
어디라도 있으면
밥을 가져다주었는데
8월 20일 석방해 준다고 말하고
밥을 먹을 사람이 없어지면 학살된
8월 17일 학살
동래 녹동부락 야산
동면 여락리 남락고개
동면 사송리 사배재
동면 팔송고개 인근
팔송정 꼭대기
교리 춘추원 뒷산
양산경찰서 연행 구금

와송부락 뒷산
대룡동 뒷산
사배재 학살자들은 자신의 구덩이를 자신이 팠다
경찰에 연행 트럭에 실려 행방불명
8월 19일 양민학살 하지 말라는 삐라 살포

구장이 도장을 가지고 가 가입
그렇게 보도연맹원이 되고
죽음의 골짜기로 가게되었다

경방단, 대한청년단을 시켜 판 구덩이에서 죽음
양산에 26연대 주둔
칼빈 오쓰리 기관총으로 학살

웅상면의 사찰 주임은
서창(웅상면) 사람들을 끌고 가면 나한테 죽는다
소리를 치니 전화를 끊었다
웅상면 사람들은 한 명도 죽지 않았다
사람을 죽일 수도
그렇지 않을 수도 있다는 말
양산지역의 학살은 범어사 뒤 골짜기
학살의 주범들은
백골부대, CIC, 경찰

돌아오지 않는 길로 가고 말았다

5부
전쟁 중 초기 수복 부역 혐의로 학살
- 빼앗긴 땅에서의 처신에 의한 죽음

금정굴의 통곡

보도연맹가입 한 죄
형제가 의용군에 끌려간 죄
북한군 점령기 교사 한 죄
전쟁 중 사라진 사촌을 찾아내지 못한 죄
수리조합에서 일 한 죄
도망했다 자수 한 죄
오빠가 인민위원회 일 한 죄
아들이 인민위원회 일 한 죄
인민군점령하에서 일 한 죄
형이 저지른 죄
부역한 죄
부역자의 사촌인 죄
개인적 원한을 산 죄

태극단에 끌려가
농협창고에 감금
손목을 새끼줄로 감고
삐삐선으로 엮어 굴비가 되어
무저갱
금정굴로
죽음의 발걸음을 옮긴
사람들

따르르, 따르르
소총 소리와 더불어
불귀의 객이 되고
살아 있어도 말을 하지 못했고
죽어서는 말할 수 없는
금정굴
만인의 무덤이 된
피와 살이 엉켜
가을이 되었으나 가을이 아니었다
죽음의 굴이었다
나락으로 나락으로 들어가는
무저갱이었다

代殺 ; 충주 엄정면 학살
- 1950년 10월 좌우익의 민간인 학살

6.25 한국전쟁
수복되고 북에 동조한 사람들 본인은 모두 없어졌어
남은 이들은 부모 아내 자식들
그리고 가솔로 있었던 형제
원 부역자가 떠난 자리는 힘없는 사람들
그렇게 있다 모두가 처형 되었지
그것도 모두 조직적으로

도망간 사람의 가족들
죽음으로 어미의 젖을 빠는 어린아이까지
자기와 대치된 자도
없으면 아내, 자식,
아비, 어미, 형제도 없이 처형했지
전쟁터에서 죽은 이보다 전장 밖에서
죽은 이가 더 많은
충주 엄정 길을 가면서 다리가 떨려 갈 수 없었네

엄정에서는
좌익이 지나가면 우익
우익이 지나가면 좌익
모두가 그렇게 대신 죽은 자들이 고개를 넘지 못하고
영혼들이 좌우를 몰라 헤매고

어린아이의 영혼도 좌우로
도리도리하면서 배우던 웃음소리도
모두 대살로
도륙되어 묻힌 땅

탕. 탕. 탕
총소리 울음소리도 묻어간
한 시대
전쟁은 군인들보다 더 많이
싸움도 없이 민간인이
총칼도 없이 적이 된
일방적인 죽음이 더 많은 이 산 들 강으로 흐르는
피의 땅이여
숨죽인 노래
아비 대신, 남편 대신, 아들 대신 … 대신 죽은
代殺

영암 수복 학살

- 1950년 10월 6일 수복 후 부역자 학살

7월 인민군 6사단이 점령한
영암군 8개면 인민위원회를 만들고
내무서장, 군당위원장을 임명하였으나
국군의 인천 상륙 이후
9월 28일 서울 수복
10월 영암 수복 작전이 시작되었다
지방 좌익, 빨치산은
월출산, 국사봉 입산 저항하며
지리산 쪽으로 입산하였다

영암경찰서는 10월 6일 경찰서를 수복
의경모집, 기동대편성
영암군 수복에 나섰다

영암 경찰부대는
풀치재에서 빨치산과 교전
경찰 1명이 전사하고
10월 6일 율산리에 도착하였다
주민들은 좌익의 소집으로 알고 모였다
주민이 모이자 사방에서 총을 쏘았다
빨치산 좌익은 없었고
대창 들고 보초 서던 주민

잠자다 나온 주민이었다

좌익의 세가 강했던 용흥리
경찰이 분필로 등에 X자를 그리고
따로 앉히고 주민들이 보는 앞에서
총살

장암리는 활성산 국사봉 지리산으로 이어지는 길목
밭으로 일하러 간 사람들을 끌고 가 사살
입산한 아들 형제 때문에 사살(최아임)

한대리 젊은 사람들은 피란을 가거나 입산
노인, 여자, 임산부, 어린이만 남았다
이들을 사살하고 불을 질렀다

젊은이들을 죽이고
칼로 찔러 확인하였다
칼로 입을 찢어
잔인한 학살
솟대봉의 학살
산호리의 참상이다
양감 마을은 인민군 점령기
경찰 가족이 몰살되었다
주민들은 소동산으로 피난
경찰이 범슬목에 기관총을 걸고 난사
사살. 죽었다

47

선창에 끌려가 사살된 사람
부역 혐의로 구금되었다 총살된 사람

해창리 소나무 앞으로 모인 사람들
모두가 도살장에 끌려 나온 것처럼
총소리 속에 하나둘 죽어가고
이 마을은 보복 학살이었다

금정면 젊은이는 피신
노인, 여자, 어린이만 남았다
군경의 박격포 공격 집이 허물어지고
불이 나고 타 죽고
나오라 해서 천천히 움직이면 총을 쏘고
남은 사람을 불러 모아 놓고
"인민공화국 만세" 하라고 하니
"대한민국 만세" 하니
"너희가 뭔 대한민국 국민이냐" 총을 난사
살아남은 사람을
살려준다고 앞산으로 가 모두 죽였다

이들의 죽음은 적 잔비 소탕으로 치환되고
해군은 영암지구 12월 24일
적 사살 327명, 노획물 다수
아군 피해 전사 3명, 부상 1명으로 발표 보고되었다

월출산에 달이 오르고
국사봉에 해가 걸리면

죽어간 사람들이 노을을 받아
붉은 환영으로 타오르고
해 뜨는 국사봉에 맑은 마음이 걸리면
흰 빨래는 희게 검은 빨래는 검게 빨던
남도의 노래는 들려오는 듯
죽어간 땅에도 들리는 영혼의 목소리는 이어와
영암천 흐른 물은 영산강으로 흘러 바다로 간다

김포 부역 혐의 학살

- 1950년 10월 12일~1951년 1월 4일. 9·28 서울 수복후 한강 강변에서 부역자 학살

전쟁 시작 후 썰물처럼 나갔다
대통령, 위정자, 군인, 경찰 달아났다
인민군의 세상이 되었다
50년 9월 15일 인천 상륙 전까지

9.28 서울 수복 후
밀물처럼 밀려왔다
썰물처럼 빠져나간 인민군의 뒤를
거대한 물결로 국방군, 경찰이 들어왔다

경기도 경찰국장의 명령
"부역 혐의자들은 A.B.C로 나누어 모두 죽이라"
대부분 부역자는 이미 사라지고 없었다

김포는 인천에서 가까운 지역
또한 북에서도 가까운 지역
썰물처럼 밀려온 국방군의 세상이 되었다

한강을 드나드는 물처럼
썰물 빠진 뻘처럼
빠질 수밖에 없는 수렁에 빠진 사람들이 숨죽이며 살던 곳

인민군 세상도
국방군의 세상도
어찌지 못하는 세월은 흘러가고
살아 있다는 것이 죄인

경찰, 치안대에서 부르면
"나는 죄가 없으니 갔다가 온다."
가면 주검이 되었다

부역 혐의자로 불려간 사람들은 구금되고
구금자들은
매 맞고 구타당해 머리가 함몰되고
아랫도리옷이 피범벅이 되고
여자들은 발가벗겨 구타하고
강가에서 살육하였다
한강하구는 늘어진 신신들, 뼈 밭
드나드는 강물에 바다로 가고

천등고개 방공호
여우재고개 독잣굴
소라리고개, 한강, 태산골짜기
월곶, 고촌면 꽃밭뿌리
모두가 무덤

부역 혐의자, 부녀자, 어린아이, 부역 혐의자 가족들
모두 학살

주검들은 엉기어 찾을 수 없었다
찾은 시신이 머리가 없으면 머리를 만들어 수습하고
주인 없는 시신은 그냥 쌓여있었다

1·4후퇴 가 되어
우익 인사에게는 철수를 지시
부역 예정자들 다시 소환 처형하고

강물이 흐르는 것처럼
무심히 세월은 흘러가고
뼈 밭의 뼈들도 흩어지고
한강하구를 사랑한 이들은
바다로 흘러가고
흔적을 찾을 수 없었다

겨울 눈발처럼 날리는 생각들
사상의 늪은 깊고
봄이면 없어질 눈처럼
없어졌다

6부

전쟁 중 토벌
산(山) 사람과 가까이 산 죄로 학살
- 그냥 토벌되어 죽어 전과(戰果)가 된 사람들

나주군 다도면 학살

- 1950년 7월~1951년 5월. 토벌대에 의해 토벌의 대상이 된 사람들

다도면은 철애재를 사이에 두고
봉황면의 군경과
다도면의 인민군
대립 중 주민들은 양쪽 눈치를 보며
피난 생활을 반복하는
산 사람이 사는 국사봉으로 가는 경계였다

1950년 7월부터 1951년 5월까지
빨치산 토벌 작전
국군 11사단, 경찰은
견벽청야 작전
'작전 지역 내에 있는 사람 전원총살'
'공비의 근거지가 되는 가옥 전부 소각'
다도면 주민은 학살의 대상으로
봉황면의 일부 주민은 부역 혐의자
입산자 가족으로 몰려 살해되었다

주랭이재
방죽고랑
독적골
만산리 산월마을
비바위

불회사 앞산
조리촌 마을 냇가
도동리 척동마을, 평지마을
덕림리 준적마을, 국사봉
방산리 한적마을
버드재, 다수재, 송길재
황룡리 와랑촌
덕촌리, 판촌리, 궁원리
마정리 강정마을
신기마을 신동리
너릿재
방축 효망저수지
이름하여 붙일 수 있는 다산면

곳, 곳
시체는 널브러져 있고
피난을 가려고 해도 갈 곳이 없었던 사람들
젊은이들은 골라서 먼저 죽이고
갓난아기, 어린이, 부녀자, 노인, 장애인
가리지도 않았다
총소리에 놀라 피난길에 오르면
경찰 군인이 나타나 살해하고
전과로 보고하고
죽은 사람들은
비무장 민간인 이었다

효수와 척살 총살 때려죽이는

아비규환의 다도면 일대 모든 마을
인천 상륙 작전 후
산 사람이 된 인민군 빨치산
국방군과 경찰
사이
야경을 서다
불귀의 객이 된 사람들 모두
살고 싶은 사람들이었다

10개월간
군경은 사람만 보이면 모두 죽였다
젖먹이에게도
노적가리에도 총을 쏘았다
총을 맞고도 살아난 사람
총알이 피해 간 사람
질기게 죽음과 삶의 경계에서
살아 있어도 산 것이 아니었던
나주군 다도면
11사단 20연대, 9연대
경찰
어쩔 수 없이 숨거나 달아난 사람들
총격을 가하고 칼을 휘두르고
사람들은 선혈을 뿜으며 죽어갔다
일제의 고개도 넘었는데 동족의 고개를 넘지 못하였다

영암군 탈환 학살

- 1950년 10월 6일부터 월출산 일대 토벌군에 의한 민간인 학살

영암은 월출산이 있어
산수가 수려하고 맑은 동네
왕인이 일본에 유교를 전해 줬다는
학문의 고장
목포 앞바다에서 월출산 국사봉
무등산 조계산
지리산으로 들어가는 산악지대로 이어지는
월출산은 일찍이 빨치산들의 근거지
빨치산의 보급처로 수탈지 민주부락
또한 국군, 경찰의 적대적 관심 지역으로
군과 빨치산 양쪽에서 시달리던 곳
피해는 거기에 살던 주민의 몫
이 골 저 골, 갈대밭, 깊은 숲
인민군, 빨치산피해 피난
국군, 경찰을 피해 피난
인민군, 빨치산이 당하면 그들에게
국군, 경찰이 당하면 그들에게
분풀이 대상이었다

1950년 9월 15일 인천상륙작전
9월 28일 서울 수복
국군은 기사회생하여 그 이남에

1950년 10월
탈환 작전을 시작하였다
영암 부근 목포 앞바다부터
월출산, 활성산, 국사봉에서 낮은 산을 타고
무등산, 조계산, 지리산으로 이어지는 길목
인민군의 퇴각은 시작되었다

영암군은 인민군점령 시기
우익을 학살한 지역
지방 좌익에 대한 적대 의식도 강했다
탑동 마을에서는 주민들 등에 X표시를 하고 사살
장암리, 한대리 등에서 20여 명 사살
한대리는 마을이 불에 타고 병든 사람, 만삭 여인, 어린애 등이 불에 탔다
산호리, 용양리의 사람들은 자신의 무명 허리띠가
포승 되어 솟대봉으로 갔다
대촌, 중촌 사람도 솟대봉으로 갔다
여자와 노인은 돌려보내고 사살하고 총검으로 찔러 확인 사살하였다
용당리 선창, 해창리, 구림 경찰이 잃은 가족의 분노로 학살

국사봉 금정면 지역은
강진, 장흥, 나주, 영암, 화순은
군(郡) 합동작전을 자주하였다
활성산이 있는 금정면
박격포 공격에 동네가 부서지고 불타오르고

불에 타 사람이 죽고 갓난아기 임신부 가리지 않고
무차별 학살하였다

연보리, 용흥리 주민은 길에 줄지어 세워놓고
'인민공화국 만세' 하라 하고 사살하였다
'너희가 무슨 대한민국 국민이냐'
냉천마을 사람들은 총소리에 혼비백산
마을에서 총 맞아 다 죽었다
눈 고랑에 숨어있던 사람만 살았다
연산 다보마을에서는 불에 타죽은 사람, 아이를 안은 엄
마 모두 죽었다

냉천, 용흥리, 연산마을, 다보마을의 학살은
월출산, 국사봉 일대 잔비소탕작전으로 전화되어
적 사살 327명이라 보고 무고한 백성이
총구 앞에 놓인 학살이었다

국사봉 마을이 불탄 뒤 숨어 들어간 피난민
국사봉 상여 바위 앞 사살을 비롯
남송리, 용산리, 학계리, 노송리, 운암리, 영호리, 신포리
회호정 우물 앞 사살

영암군 탈환은 수없는 민간인의 죽음
바닷가, 들판, 골짜기
마을 골목, 숲, 고랑
우물, 뒷산 앞산
집에서

불에 타서
그리고 어디로 갔는지
행방불명 된 사람들

모두가 비명에 들었고
봄 헤프게 피었다 지는 꽃처럼
그렇게 헤픈 죽음으로 남았다

1950년 10월 시작된 탈환은
1951년 봄 정리되었다
야만의 시간도
인민군도 빨치산도
모두 백두대간을 따라 떠나갔다

영암 구림 학살

- 1950년 10월 17일 영암 구림마을 주민들 토벌 핑계로 학살

마을에 확성기 소리가 들렸다
죄 없는 사람은 모두 밖으로 나오라
나 온 사람 모두 동산에 끌려갔다
남자들은 모두 꽃처럼 졌다
빨갱이는 없었다

이미
인민위원회
인민군 부역자는 산으로 가거나
이북으로 인민군과 함께 사라진 뒤였다

남은 사람은
야경을 서거나
거동이 불편한 노인들은 집에 불을 지른다고 해 나와서
척살 또는 총살로

영암경찰대 공비 토벌대
묻지도 가려보지도 않고
구림, 도갑리 사람들을 공비로
총살, 척살하였다
인민군이 떠나간 마을 주민들 모두
조용히 살고 싶었다

마을 향해 좁혀오면서
포위하고
나오는 대로 사살하였다
주검은 여기저기 널브러졌다

여자는 옷을 벗으라 해서 벗지 않은 사람은 죽이고
벗은 사람과 뽕나무밭으로 갔다
농부, 아녀자, 노인, 임신부였다

총구 앞에서 사람들은 우수수 떨어진 동백처럼
떨어져 시체로 붉은 피를 흘리며 있었다
문 앞, 길, 동산, 거리
가을걷이가 끝난 들판이었다

요란한 총성은 사라지고
울 수도 없는 시간이
비명처럼 흘러갔다
월출산은 말이 없었다

남원지역 민간인 학살

- 1950년 11월 1일 11사단에 의한 민간인 학살

농사만 짓고 살던 그냥 살던 농촌이었다
산이 가까워 산 사람들이 왔다 갔을 뿐
협조하고 싶지도 않았고
협조하지 않을 수는 없었다

산 사람들은 후생사업을 목적으로 마을을 드나들었다
그러다 국군과 교전을 하였다
교전은 끝났다
산 사람은 물러갔다

그리고 마을 주민 중 일부 여자들은 일본도에
목이 잘려 피를 뿌리며 죽었다
총살하고
군인들은 피 위에 소금을 뿌렸다

대강리 마을
빨치산들이 사랑방에서 잤다
국방군이 아침 일찍 들이닥쳤다
빨치산은 부리나케 도망가고
마을 사람만 남았다
"사람 새끼들은 다 나오라" 소리가
총을 겨누고 나오라니 다 나왔다

18~40세 까지 청. 장년은 다 죽이고
칼로 탁탁 쳐서 무지막지하게 죽이고
민가에서 인공기가 발견되었다고
마을 논 앞에서 민간인들을 죽이고

죽천면 노치마을
"어제저녁에 낳은 아이까지 죽여라"
몽둥이로 패서 죽이고, 안 죽으면 총으로 쏘고, 그래도 안 죽으면 단도로 죽을 때까지 찌르고
청각장애인 김동일은
"손을 들라" 해서
안 들으니 총으로 죽이고

이명수는 트럭에 실려 가며
"날 죽일라고 그라요" 소리 지른 후
뽕나무밭에서 주검으로 발견되고
남원시 대강면, 주천면, 산동면, 산내면
빨치산에 협조하였다고
무차별 학살하였다
묻지도 따지지도 않았다

남원 일원
11사단의
빨치산의 거점 제거 작업
무고한 민간인들은
몽둥이, 총, 칼을 피할 수 없었다

회문산 쌍치리 학살

- 1950년 11월 6일부터 남부군 이현상 부대 이전 후 민간인 학살

회문산 순창 고원
빨치산 전북도당
싸움은 치열했고
인민군의 퇴거 길목이었고
북으로 가는 길이 막힌
빨치산의 집합지
국군의 인천상륙작전
서울 수복 허리가 잘린 인민군의 퇴로는 없어지고
인민군과 빨치산의 근거가 되어
회문산 주변의 주민들은
밤에는 빨치산
낮에는 국군
죽음의 사선에 노출된 주민들

국군은 빨치산의 근거지를 없앤다고
불 지르고
나오면 사살하는
견벽청야를 행하는 회문산 깊은 골
남아 피난도 못 간 사람들은
고령의 노인, 임신부, 장애자
피난을 한 사람은 피난지에서
빨치산은 피난하지 않으면 국군이 다 죽인다 선전

남은 보통의 사람들은 피난했다
죽이기 시작하면
남녀노소
마을 주민 전체
가족, 가리지 않고 학살
죽은 사람의 귀를 잘라
빨치산을 잡은 전과로 보고하고
앞산 뒷골에서 주검이 된
회문산 주변 사람들

국군 미수복지역인 회문산
우익인사들은 빨치산의 식량을 운송하고
사살당하고
주민들은 빨치산에 협력했다고 의심
무차별 사격 사살당하고
군인에게 잡히면 죽는 줄 알고 숨거나 도망가다
사살당하고
불 지른 집에 불을 끄려 하면 사살하고

전북도당이 해방구로 삼은 쌍치면
국군이 마을 전체를 불 지르고
면 단위에서 제일 큰 희생자를 낸
쌍치면 회문산 능선의 진달래 같은 사람들
꽃처럼 지고만 한 시대의 눈물
빨치산은 전북도당은 지리산으로 떠난 후였다

영광 불갑산 빨치산 소탕 작전

- 1951년 2월 20일 11사단 20연대 토벌 민간인 학살

불갑산은 노령의 연계지점
유달산에서 달려온 산맥은
호남정맥을 타고
덕유산, 무등산으로 이어진 험한 산악의 시작
빨치산 입산의 시작이자
인민군의 퇴거 지점이 될 수 있었다

굴비처럼 우르르 끌려가 죽음에 이르던 영광
무기도 없이 숨어 들어간 불갑산

한 해 무르익던 전쟁
인천상륙작전으로 허리가 잘린 전선을
인민군은 빠르게 도망가고
그렇지 못한 사람들은 지리산으로 간
전쟁 다음 해 겨울을 지나며
중국공산당의 참전
1·4후퇴로 남하하는 유엔군, 국방군

남은 빨치산들의 저항이 있었다
  인근 마을에서 1월 수백 명이 토벌대에 살해된 것을 안 청·장년들
  토벌대가 온다는 소식에 1월 말부터 불갑산으로 피신하

였다

1951년 2월 20일에서 25일 사이
토벌

군 토벌대와
경찰을 피해 불갑산으로 간 사람들
해방 전에도 토벌로 아수라장이 되었던 기억
주민들은 고령 노약자, 임신 출산자를 빼고
그들도 주검이 되었지만
불갑산으로 피난 간 사람들
이 사람들도 비무장 피난민

빨치산과 교전 후
토벌대에 오두치, 홀루개재, 옴팍골, 시산재, 용천사에
피난한 사람들 모두 고향으로 다시 돌아가고 싶은 육신
코앞 마을에
돌아갈 수 없었다

20여 일의 피난살이
자수하여도 사살된 사람들
풀숲에 숨어있다. 나오라 해서 나갔는데 사살된 사람
부모, 형, 제, 형수, 제수 가족 모두
15세 이상이면 죽음을 면할 수 없었던
불갑산
빨치산도
토벌대도

모두 무서운 사람
피난을 가
주검으로 남은 사람
불갑산 영광사람들
토벌대에게
죽은 사람은 전과가 되었고
적이 되어 전사자가 되었다
영광의 굴비처럼 엮여
한 시대를 넘지 못한 고개를 가진
영광 불갑산
백두대간으로 이어진
산맥의 시작이자 끝
토벌의 시작이었고
토벌은 공포와 학살로 종결되었다

11사단 20연대, 경찰 토벌대
전쟁 중 빨치산 토벌 작전이었다

임실군 남산광산 학살 [오소리 사건]

- 1951년 3월 14일 남산광산에 연기를 피워 질식 살해

한국전쟁 초 인민군에 밀리고 밀려
임실 땅 인민군의 세상이 되고
사람들은 폐광굴을 피난처로
이용하였다
그리고
인천상륙이 있고
북한군은 밀려 북으로 가고
군산에도 유엔군이 상륙 전주를 수복
후퇴하지 못한 인민군은 좌익과 합류
산악지역을 중심으로 유격전 및 빨치산 활동을 시작
남산광산 폐광도는
전쟁 중에는 살기 위한 도피처
피난 후에는
전쟁에 가기 싫은 사람들의 도피처
이들은 빨치산도 아니요
인민군도 아니었다
남산광산의 갱도 입구는 32개
28개를 폐쇄
4개의 굴 입구에 생솔가지 고춧대
쌓아놓고 불을 질렀다
갱도는 연결이 되어
연기는 삽시간에 연기로 가득 차고

호흡곤란 등으로
굴을 뛰쳐나왔다
뛰쳐나오면 국군의 총탄
나오지 못한 주민은
매캐한 연기 속에서
질식해 죽었다
갈 곳 없어 갱도로 들어간 사람
불을 놓기 전 아무리 불러도
대답 없던 사람들
누구 아부지 불러도
굴이 깊어 들릴 수도 없던 굴에서
그의 아내가 놓은 불로
지아비를 이 세상에서 사라지게 할 잔인함
연기를 마시고
독일이 유태인을 죽인 가스실처럼
죽어 없어진 사람
산 사람은 살아서 세상을 떠돌고
죽은 사람은 죽어서 구천을 떠도는
임실 땅 원한으로 남고
죽은 사람은 죽어 소리 없는
나무 사이 바람으로 남은 무저갱의 소리들
임실경찰서
11사단 13연대 1, 2대대의 전과로 남은
남산광산 폐광에 피난 간 600명에 가까운
학살된 사람들

고창 월림 집단 학살
- 1951년 5월 10일부터 월림의 좌우익 상대편 학살

하늘은 푸르고 맑았다
누구에게나 풍요로운 햇빛과
바람과 시원한 공기를 불어
봄이면 꽃피고
여름이면 아름다운 결실을 위하여 열매는 부풀고
가을이면 가을걷이에 여념이 없고
겨울이면 사랑을 녹여 내며 쉬던
농군의 나라 우리 강산이었다

한 마을
좌
우
갈등이 빚은 참극

전쟁 전
용림마을은 우
죽림마을은 좌
우의 마을에서 공산당을 조직한다고 경찰에 신고
좌의 마을은 경찰에 끌려가 고문과 고통을 받았다
이후 두 마을은 갈등이 심각했다

인민군 점령기

좌의 마을 사람들이
인민군의 퇴각 시기에
우의 용림마을 사람들을
아이는 물론 남녀 불문하고 죽였다
김용식 중대장은
좌의 사람들이 사는
죽림마을 사람들을 모아 놓고 사살하였다
보복 살인이었다
후회도 죄책감도 없었다

무수한 꽃들이 피고
하염없이 지는 5월
수없는 사람들은 이름 없이 지고
무기도 없고 농사만 짓던 마을에서
싸우지도 않은 백성들이
먼저 죽인 자도
나중 죽은 자도
말이 없다
낭자한 핏자국만 남긴 월림

5월 꽃바람이 눈꽃을 날리고
붉은색 흰색이 어우러져 날리는
봄
우리들의 지상의 아름다운 노래도
꽃과 함께 모두 졌다
달그림자에 원혼을 달래는 월림
흑백의 색이 지난다

7부
한국전쟁 끝나고
토벌에 의한 학살

함평 11사단의 학살

죽었다
우리는
집단총살
함평군, 광산군, 장성군에서
평범하게 농사지으며
땅과 살던
사람이었다
11사단 20연대 2대대 5중대
총구 앞에서 서 있었다
드르륵 드륵
말라붙은 가을 낙엽이 지듯
우수수 우수수
피는 붉다는 것을 알았을 때였다

빨치산과 전투 할 때 징 꽹과리를 친 죄
봉화를 올리고 만세를 부른 죄
마을 앞 도로를 파손한 죄
불갑산 아래 살아 빨치산에 밥해준 죄
좌익 협력자가 마을에 거주한 죄

5중대 군인들이
집 집마다 불을 지르며

'살고 싶으면 마을 앞으로 나오라'
몰려나온 사람들은 모두 총구 앞에서
살아날 수 없었다

경제력 있는 자는 광주나 대도시로
좌익활동 한 사람들은 산으로 입산한 뒤였다

겨울에 눈꽃으로
소리 없이 떨어졌다
바람이 부는 날은 우리를 사랑한 대지가
그래도 따듯했다
너와 나의 피가 엉기고
꽃이 되는 슬픔을
눈꽃으로 하얀 눈에
꽃으로 붉게 번질 때
우리는 죽은 것을 알았다
비무장이므로
저항 한 번 못하고

붙여진 죄 많았지만
알 수 없었다

단지 우리 마을들이 빨치산 수색선에 있었다는 것

8부
좌익에 의한 학살

박순기 인민군과 지방좌익에 의한 죽음
- 1950년 7월 18일 박순기 학생 좌익에 의한 학살

인천에서 재학 중
한국전쟁이 발발
태안의 석산리 본가로
피난
이장이던 아버지 대신
태안 내무서에 잡혀 온
박순기
서산 내무서로
이송하려는데
화장실에 숨었다
발각되어
끌려 나와
다시 도망 했다
박순기를
태안 내무서 마당에서
총을 쏘아 죽였다
무고한 사람을 죽이는 좌익
땅도 알고 하늘도 아는
학살이 아닌가
아버지 대신 죽은 아들
원혼의 목소리는 구천을 맴돌고

청주에서 인민군에 학살

- 1950년 9월 24일 인천상륙작전이 후 철수하며 무차별 학살

청주를 점령한 인민군은
우익인사와 지역유지들을
청주교도소
청주 내무서 등에 구금하였다
이들은 아무런 저항을 할 수 없는
비무장 민간인이었다
단지 부산으로
또는 다른 곳으로 숨어 갈 수 없는
청주사람
청주의 인근에 살던 사람
맥아더의 인천상륙작전 후
전선을 뚫고 북으로 가야 하는
인민군은 급해졌다
정치보위부에 감금된 사람들은
산성리 토굴에서
청주 내무서 구금된 사람은
무심천변 고수부지에서
무차별 총살하고
청주교도소 재소자는
형무소 안과
청주에 상수도를 공급하던
제수변 뒤 당산에서 사살하였다

이렇게는 재소자 구금자들을
다 처치하지 못한 인민군은
교도소에 사람을 둔 채
불을 질렀다
잔인한 학살의 시대
전쟁의 가운데서도
인본은 있는 것인데
선비양반의 고장이라는 청주
교도소에서
무심천변에서
당산에서
우수수 떨어지는 낙엽처럼
떨어져 붉은 피를 흘린
가을 길목
전쟁의 상혼이라기엔 너무한
죽음이었다
인민군이 퇴각한 날은 1950년 9월 25일이었다

양평호 수장 학살

- 1950년 9월 25일 인천상륙작전 후 인민군에 의한 학살

인민군은 퇴각에 정신이 없었다
유엔군의 인천 상륙
서울 수복
인민군의 점령지 허리를 치고 들어 온
유엔군의 파죽지세에 밀려
백두대간을 타고
퇴각하고
때를 맞추어 우익에 대한 학살도 잊지 않았다
퇴각하는 인민군에게 학살당하는 백성

"빨리 타라우"
해방 전 지어진 청평호
총구 앞에서 어찌할 수 없이
배에 오른 우익의 백성
총도 죽창도 돌멩이도
아무것도 들지 않은
백성들
몸은 새끼줄로 묶이고
가을 강바람은 차갑고
마음은 졸이고
몸은 사시나무
죽음을 예감한 몸은 떨었다

배는 호수 한가운데로
나아가
멈추고
총구는 불을 뿜어
학살은 시작되었고
두 명이 한 명씩 물속으로 던져
시체는 청평호 물고기
고기밥으로 수장 되었다

전쟁의 희생자는 군인이 아니다
백성이 희생양
사람이 사람으로 보이지 않는 전쟁
힘없는 백성은 잡초처럼 뽑히고
전쟁은
모두 미래의 적으로
봄날 목련이 떨어져 쌓이듯
하얀 꽃잎처럼 검게 짓밟히고
흔적도 남음이 없는
청평호의 원혼들
도망가는 인민군에게 수장당하는
학살
학살
이유 없는 죽음이었다

홍성군 좌익에 의한 학살

- 1950년 9월 27일 인천상륙작전 후 인민군 철수 학살

홍성 내무서원에 끌려간
부유한 농장주인
우익 청년활동가
공무원
인민군이 철수하는 과정에서 학살
좌익에게 잘못 한 일이 없는 사람들
모두 지역의 주민이었고
같이 살아가고 사는 사람이었지만
지방 좌익들에게 희생을 당하였다

경찰, 대한청년단, 우익단체원, 공무원, 교사
일반 주민 80여 명은
내무서원과 인민군, 좌익 사람들에게
홍성읍 월산리, 소향리 뒷산
9월 28일 학살되었다
그날은 홍성 내무서원, 인민군은 전날
17시경 후퇴 준비를 끝냈을 때였다

홍성 서부면
갈산면을 해방하고 온
국군의 환영하는 모임에
서부면 사람들은 갔고

홍성읍에서 국군에 밀린
인민군과 좌익은 갈산면 노동마을에 왔다
노동마을에 서부면 청년들이 모여있는 것을 보고
약 1.5km 떨어진 꾀꼬리봉에 있었다
밤이 되며 서부리 사람 중
이명구, 이규헌, 엄익철 등 남고
집으로 돌아갔다
이때 꾀꼬리봉에서 내려온 좌익에 쫓기다
갈산국민학교, 민가 등 여기저기서 희생되었다

홍성에서는 100여 명이 인민군 또는 지방 좌익에
학살되었다

인천 상륙 후 국군의 북진과
인민군이 패퇴하면서
인민군과 좌익에 의한 우익의 학살
이들도 대한민국의 국민으로
군인은 군인과 싸워야 하는데
선량한 민간인의 무고한 죽음
이는 어떠한 말로도 용서되지 않는다
떠도는 원귀들의 호곡 소리가 들리는 듯하다

나방환 일가의 죽음
- 1950년 10월 6일 신안의 섬에서 좌익에 의한 일가의 죽음

신안의 섬
학살 자행
지방 좌익
학살 성행

나방환
김애례
나양례
나광석
나기만
나기철
부, 모, 자식
일족 몰살

지방 좌익
금융조합 이사
마을 사람들 앞에서
죽창으로
칼로 척살
백련마을
부자이며
감찰부장

좌익에는
눈엣가시
일족 몰살

역사에는
피도 눈물
남지 않고
마을 사람
시신 수습
좌익퇴각
임박해서
일어난 일

세상은 말이 없었다

그 외 일가
모두 척살
아기 어른
할 것 없이
모두 죽어
불귀의 객

나방환 가
일족 사망

당시 신안
모두 그래

지방 좌익
등살등살
가족 몰살
부지기수

좌익
우익
할 것 없이

생명은 소중한 것
생명은 소중한 것

9부
미군에 의한 학살

노근리 평화공원

- 1950년 7월 25일 미군 제1기병사단에 의한 피란민 학살

평화
전쟁이 없는 상태. 아니지

평화
부르는 이름이 비루해

평화
피난 가다
의심 없이 우리는 시키는 대로
철길로 올라왔어
진짜 평화롭게
누가 불렀지

미군!

우리는 동굴에서 내려와
앉아서 밥해 먹고
철길에서 나란히 있었어
총구가 우리를 향하고 있는 줄 알았나
하는 말이
떨어지기 무섭게
하늘에서 우박같이

탄알이 쏟아지고 폭탄이 터졌어
철길에 철로 두 개에 자갈밭이지
훤하게 뚫린 하늘
피난민 모두는 사냥에 노출되었지
그리고 산 사람들은 너 나 할 것 없이
굴다리로 또 배수구로
뛰었지

지금 굴다리는 포장되었고
배수구는 모래톱이 많이 올라왔어

우리는 굴다리에서 얼마를
총탄 세례를 받았는지 몰라
무전기, 권총 몰라
아는 것은 솥단지
사상을 몰라
전쟁을 몰라
평화를 몰라
이승만이 버리고 간 땅도 사람도 몰라
빨갱이도 몰라
우리는 굴다리 밑에서
퇴각하는 미국 제1기병사단
기관총 앞에 서 있던 거였어
몰랐지
인민군이 내려와 살려줬을 때
모래에 머리 박고
죽었는지도 몰라

빨갱이 뭔지도 몰라
굴다리 앞뒤에서
나중에 안 일지만 3박 4일
케레바50기관총으로 살아 있으면
총을 쏘았어

우리는 하얀 옷을 입은 백성
전쟁 통에 죽었어 죽어
산 사람도 죽은 거여
피를 덮어쓰고 밑에 있어서
죽어서 산 거여, 알어

노근리 굴다리의 탄흔을 바라보며
4일간 죽어 있어서 산 거여

굴다리는 말이 없고
기차는 하염없이 가고

주곡리 임계리에서 내려 올 때는
이미 젊은 사람들은 눈치채고 달아났지
굴다리에서도 죽기를 무릎 쓰고 달아났지
철길에는 할아버지 아낙네 애기 들만
남았었지
1살, 2살 늙은이들이 여자들이
사상은 몰라
푸른 눈의 사수가 본 허상
우리는 사냥당하고 있었음을

허망한 바람만 터널을 지나고 있어

평화, 무엇이 평화
평화
전쟁이 없는 것
아니야
거짓이 없는 것
평화

노구에 눈물 흘리며 떨고 있는 모습을 보아

노근리 평화공원 평화는 왔는지

의령 미군 포격 학살

- 1950년 8월 10일 미군 전투기가 의령군 민가 폭격 살상

하늘에 헬리콥터가 선회 정찰을 하고
후에 진회색의 전투기들이 하늘에서
기총소사와 폭탄을 투하
의령의 마을은 불에 타고
사람은 일하던 곳
쉬던 곳에서
죽었다

국방군 부대는
진주에서 패퇴하고 의령으로 철수하고
미 19연대는 사봉면 무촌리
연대지휘 본부를 두었다
인민군 4사단은
미 24사단의 방어선을 공격하기 시작한 시점

제공권을 장악한 미군의 공격을 피해
인민군은 낮에는 은신
밤에 공격하고 있었다

미군은 탱크, 트럭, 병력, 철도, 교량 등 군사 목표뿐 아니라

인민군 은폐 지역에도 폭격하였다
폭격이 이루어진 마을은
전투와 상관없는 지역
인민군도 미군도 없는
이 마을들은 전투가 없어
피난하지 않고
피난 온 사람들이 여기저기 있었다

정찰 헬리콥터가 지나간 후
기총소사 폭격
주로 마을의 집들에 집중되어
마을의 2/3 이상 파괴되고
소나무 숲 등으로 피신한 사람
집에서 폭격으로
일하다가
피난 와서
죽은 사람
디딜 방앗간에서
집 안에 폭탄이 떨어져
죽은 사람

8월 뜨거운 태양과 바람
총탄과 포탄을 퍼부어
죽은 사람은
하얀 옷의 민간인들
노인, 장정, 여성, 어린이

사전에 경고 없이 마을로 집으로 사격
사람들이 죽었다
전쟁을 피해온 사람도
죽었다

전쟁도 없었고 인민군도 없던 의령 남동부지역의 미군 폭격기 학살 민들레 같은 사람들이 죽어 여름 말복에서 처서를 지나면서 바람에 꽃씨로 낙동강 지류 남강 푸른 물결에 날리고 있었다

포항 여남동 헤이븐호 함포 포격 학살
- 1950년 8월 10일 피란 마을 상대로 함상에서 포격 살상

송골 해변 피란민에게 함포사격 명령이 떨어졌다. 가까운 거리에 있던 헤이븐은 피란민이라 통신했다. 명령에 관한 확인은 "피란민 속에 인민군이 섞여 있다." 포격하라.

노인
여성
어린아이가 대부분인
피란민

포탄 15발을 포격하였다.

노인
여자
어린아이
재확인하였다

전투일지에는 위협 사격이었기에
큰 피해는 발생하지 않았다
고 보고하였다

100여 명의 사상자
중 21명이 사망하였다

함포는 3대의 군함이 사격하였다는
생존자의 주장

전투일지에는
중순양함 헬레나호
구축함 챈들러호
맨스필드호가
같이 있었다

피난민을 향해 함포사격
많은 사상자를 낸 포항 여남동
피난을 온 곳도 피난지가 아니라
전쟁터였다
적으로 노출된 채
바다에서 날아온 포탄으로
옹송거린 채 죽거나 부상당 한 사람들
그들도 대한민국 국민이었다
인민군이 아니었다

포항 기계천 폭격 학살
- 1950년 8월 14일 미군 비행기 기총소사 피란민 학살

점점 갈 곳이 없던 남녘
사람들이 잘 보여야 해
어른의 말은
하얀 옷을 입고
모래사장
자갈밭
마음은 어디에 두지 못하고
몸은 집과 개울가
기다란 하천에 부려두고
흰옷을 입고
양식을 가지러 집과 기계천을 오가던 사람
소달구지로 피난을 떠났던 사람들
달구지 밑에 있던 사람들
모두 죽었다

폭격
기총소사
기계천과 현풍 평야에
쏟아부었다

잘 보이는 옷
피난민으로 보이게 하얀 옷

들판이 피난처이므로
사람들은 모두 잘 보이게
하고 있었다
피난을 잘 가고
인민군이 아니고 민간인임을
표시하고 길을 갔으나
국군이 막아서
기계천 둑에서 피난
포격을 당하고
기총소사를 당하였다

피난민들에게 기총소사
포격을 할 것은
꿈의 소식에도 없었다

그러나
이들은
기총소사
포격에
죽어갔다

민간인인 줄 알고도
빚어진 참극
네이팜탄이 떨어지고
기총소사
미공군 18연대 39 전투 편대의
학살이었다

부상하고 치료 중 사망
기총소사로 창자가 튀어나와 죽은 사람
비 오듯이 쏟아지는
탄환을 맞고 죽은 사람
천진난만한 아이들은
천방지축 기계천을 놀다가
모르는 세상으로 갔다

머지않은 동네를
앞에 두고
죽은 사람들은 말이 없고
산 사람은 살아서 얼이 빠진
현풍 평야
조용히 한 날
제사를 지내는 사람들
눈물도 가슴으로 흘리는
안계리 기계천
현풍 평야에 잠든 사람들
한날 한곳에서 죽은 사람들

은옥순 씨의 1·4 후퇴

죽음에 대하여 잘 모른다
죽었다는 사실이 있고
1951년 1·4후퇴 때 피난을 떠나 왔다는 것
삶과 죽음의 경계
잠자리 떼처럼 날아오는 아군 비행기에서
포격
하얗게 내리던 눈
아름다웠다
삶이란
전쟁 속에서도 있었던 것
더 갈 수 없는 길목에서
미군에게 저지당하고
피난도 더 갈 수 없었다
삶이란
죽음을 앞에 두고
방황하는 것이다
살기 위해 피난을 하고
살기 위해 또 돌아가고 있었던 길
포탄이
머리에
남편은 민병대에 갔고
눈은 하염없이 내리고

선혈이 흐르는
죽음의 문턱을 넘는 신음소리가
끝
미군의 포격 소리는
은옥순에게는 들리지 않았다
다른 세상이었다
공중으로 부터의 합창
눈과 함께 쏟아지는
포탄 불꽃놀이
하얀 눈이 쌓이는데
돌아가는 길
아들 딸 어머니 아버지
기다리고 있는
신음으로 남은 말들

예천군 산성리 폭격 학살

- 1951년 1월 19일 학가산에 주둔한 인민군으로 오인 기총소사 학살

인민군이 집결한다는 첩보
인근 학가산에 주둔한
인민군의 식량의 공급원이고
인민군에게 마을이 협조적이라는 이유

불꽃놀이는 시작 되었다
네이팜탄이 초가지붕 위로 날아오고
케레바50 기총소사
주민 60명 사망, 실종
학가산에서 가장 가까운 마을
산성리는 온통 불바다 되어
아침부터 저녁까지
폭격
인민군은 아무도 죽지 않았다

주민인지
게릴라인지
인민군인지
북한사람인지
알지 못했다는 미군의 말

산성리 생존자는 말한다

여기는 한 번도 인민군이 온 것이 없다

무방비의 사람들이 불에 타고

폭격 전 소개하는 방송도
피하라는 경고도 없이
네이팜탄이
총알이 소나기처럼 내리던
학가산 아래 하늘만 보고 살았던 사람들
죽었다

한국민을 도와주러 왔다는 미 공군
187연대의 주요 목표 예천 산성리

첩보는 잘 못 된 것이었고
무고하게 죽은 흔적과
상처만 남은 기억과 없어진 가족
새까맣게 탄 시체들
사랑하는 사람
불꽃놀이가 끝난 저녁이었다

단양 곡계굴 학살

- 1951년 1월 20일 피란민에게 네이팜탄 투척 후 기총소사 학살

세상에는 이런 일도 있었다
도둑도 들어오기 힘든 산골
전쟁이 있어도 모르고 산
사람들에게 대피 명령이 왔다
마을을 떠나 서둘러 가는 길
피난의 대열 앞에 미군 탱크가 막아 섰다
일부 신원이 확인된 사람만 지나가고
나머지 사람들은 마을로 돌아와
또 피난 온 다른 마을 사람들 이백여 명
주민들과 피난민은
추위도 피하고
총탄도 피하기 위해
곡계굴로 들어갔다
원자폭탄이 떨어져도 끄떡없을 것이라는
200미터
마음 놓고 주민 이백 명
다른 곳에서 피난 온 이백 명
바닥은 짚을 깔아 한겨울 냉기를 피해
자리를 잡고
굴 입구는 큰 짐으로 막았다
정찰기가 돌고

전날에도 정찰기가 돌아
대수롭지 않게 지나갔다
정찰기 지난 후
전투기가 줄지어
네이팜탄을 쏟아부었다
굴속으로 불길이 들어와
유독가스로
굴속은 아비규환
사람들은 쓰러져 죽어갔다
쓰러진 시체에서 연기가 피어올랐다
얼어붙은 땅에는 묻을 수도 없었다
다른 곳에서 피난 온 사람들은 생존한 사람이 없어
수습하지 못하고
야만의 시간은 흘러가고
인민군은 없었다
푸른 산 사이 누구라 할 것이
굴속에 들어가 같이 살려다
죽음의 골짜기를 벗어날 수 없었다
죽은 사람은 죽어서 말 못 하고
산 사람은 마음이 얼어 말할 수 없었다
비극의 시대
개가 물고 다니던 시신에 어머니 비녀
사랑하는 어머니였다

10부
사는 이야기, 살려준 사람들 의인 이야기

이웅찬과 경찰

- 1950년 6월 30일

보도연맹원들
"보도연맹원들은 청주상과대학으로 모이라"
방송은 반복 되었다
점심 후 갔다
모인 사람들 모두
청주 경찰서 무덕관
체력단련장 겸 유도를 배우던 곳으로
수백 명의 사람과
이웅찬은 수용되었다
이웅찬을 아는 경찰들이 모여 이야기 후
한 경찰이 "웅찬이 자네, 담배 좀 사갖고 오게"
그를 살려줄 셈으로 도망가라고 한 것을 모르는
이웅찬 도망하지 않고 무덕관으로 돌아왔다
경찰은 다시 심부름을 시켰다
"왜 이렇게 빨리 왔어
 볼일도 보고
  친구도 만나고 와"라고 보냈는데
이웅찬 순진하게 다시 돌아왔다
이를 세 번이나 반복한 이웅찬
그는 청주에서 미원 보은 방면으로 가는
보도연맹원과 함께
돌아오지 않는 몸이 되었다

낮에는 충북화물 기사로
밤에는 청주상과대학학생
주경야독으로 공부하며
축구선수로 충북 또는
전국으로 다니며 경기를 하였던
순진하고
순박한 사람
도망가라고, 도망가라고
그렇게 경찰이 심부름을 시켜도
돌아와 죽음을 피하지 못한 사람
그에게는 시골의 아내
아버지 어머니
같이 자취하던 여동생
그리고 네 살배기 아들이 있었다
보도연맹에 가입했지만
삐라 한 장을 뿌리지도 않았고
빨갱이도
좌익도
아니었다
짙은 안개가 내리는 여름 같은
이웅찬 건장한 사내는 그렇게 갔다

남정식 청주 강서면 지서장
- 1950년 6월 30일

부모산은 야트막한 산
백제 시대의 아름다운 성이 있는 곳
여기에도 한국전쟁에서
생명을 살린 사람이 존재했다

한국전쟁이 나자
정부의 명령에 따라
보도연맹원을 소집한
남정식 강서지서장

이들을 데리고
"부모산에 나무 심으러 갑시다"
삽과 괭이를 들고
소집된 사람들은
부지런히 산을 오르고
한나절에 마무리하고

남정식 강서지서장
"오늘 하루 고생했습니다.
 다들 집으로 돌아가세요."

강서 보도연맹원 50명

털레털레 집으로 왔다
이들은 죽음에서 산 것도 모르고

국군이 수복 남진 후에 알게 되었다
다른 지역의 보도연맹원과 다르게
죽음에서 살아남았다는 것

남정식 강서지서장은
한 시대를 살며 죽을 사람을 살리고
대가를 바라지 않고
묵묵히 살아온 사람
샤론의 장미*처럼 아름다운 사람 꽃이었다

*샤론의 장미 : 무궁화 꽃, 평화의 상징으로 팔레스타인의 샤론 지역의 장미로 예수를 상징한다.

안종삼 구례경찰서장

- 1950년 7월 24일

인민군 남진에 퇴각하며 총살 명령은 떨어졌다
구례경찰서
예비 검속된 800여 명 중 480명
경찰서 유치장, 상무관 수용
죽음의 날을 기다리던 사람 모두
연병장에 집합

한국판 쉰들러
안종삼은 외쳤다
"여러분 오늘 모두
 방면하겠습니다
 내가 반역으로 몰려
 죽을지 모르지만
 혹시
 내가 죽거든
 내 혼이 여러분 각자 가슴에 들어가 지킬 것이니,
 새사람이 되어주시기 바랍니다."

구례경찰서장
본인이 전시 중 명령을 어기면서
즉결처분
죽음을 각오하고 살려주었다

인민군의 남진에 밀려
인민군의 땅이 되었다
돌아온 곳에도
인민군의 학살이 없었고
민간인들의 보복도
피비린내 나는 죽음이 없어진
구례의 가을

그해 여름
800여 명의 피 검속자 중
이미 주검이 된 사람들 빼고
480명 모두 죽음에서 살아나
7월 신록이 우거진 계절
무성한 삶의 이야기
구례 섬진강 지리산 노고단, 성삼재
산 사람들의 이야기가 메아리치는 곳
죽음을 떨치고 살아나게 된 구례
화엄의 세상을 연
의인 안종삼

11부
전쟁과 학살 그 후의 이야기

도장골에 비가 내리고
- 청주 민간인 학살지 훼손

낭성면 도장골에 비가 내린다
호정이라는 카페 앞
붉은 흙탕물 흐른다
폭포 같이 쏟아지는 물줄기
붉은 핏물이 흐른다

이름 없이 죽어간
한국전쟁 민간인 학살
골짜기 파헤쳐진 평장의 무덤
중장비 짓이기고 지나간 도장골 계곡을 타고
붉은 황토 핏물이 흐른다
법으로 어찌하지 못하고
힘으로 어찌하지 못하고
맑은 비는 피를 안고 내리네
황토 붉은 눈물로 흐르네

청주교도소 재소자
보도연맹 예비검속자
수백 명이 한 번에 도륙되어 묻힌 땅
곡소리로 콸콸
핏물이 흐른다

낭성면 도장골
죽어서도 잊혀진 유배의 땅
잡초만 무성히 자라
낙엽송 무섭게 자라
영혼들의 울음소리
웅웅 울고 가는 바람 소리
벌목으로 사라지고

사방공사한다고 중장비 지나가는
후미진 깊은 계곡
옹달샘도 무너지고
한국전쟁 때 총소리 지나간 난자한 현장을
고마운 신씨들이 흙 덮어 묻었다는데
이름 없이 죽어간 원혼들
한 번도 아니고 두 번
부관참시하는 현장에서
영혼까지 사르고 가는
뼈다귀도 말이 없는
도장골

하늘에서 내리는 빗물만 서럽네

뼈잿골*에서
- 골령골 탐방기

긴 무덤에 제사를 지낸다

만인의 무덤에서
눈물도
변명도
말을 할 수 없는 길가

말없이 한 잔 막걸리 따르며
70년 잊힌 학살을 이야기한다

한국전쟁 때
죽어간 영혼들에게
고개 숙이고
절하고
이름을 못 붙인 뼈다귀
두개골과 같이 있는 탄피 사진을 보며
깊이 파인 웅덩이 시신을
몇 분 전 죽어간 시신과
몇 분이면 죽어갈 영혼이 바라보는 사진

누구의 아버지, 누구의 아들, 누구의 남편

누구의 아내, 누구누구의 ······

희생양도 아니고, 전쟁의 총알받이도 아니고
그냥 죽인 사람들

기다란 무덤에 줄 맞춰 기다리던 눈동자
엎드려 허리춤으로 어깨동무하고
카메라에 눈 맞춘 시선

음은 양의 빛을 받아
하늘의 기운을 받아
땅은 갈라지고
대지는 풀꽃처럼 땅을 뚫고
묻혀있는 원혼이 한 가닥씩 올라오는
원혼들의 말 못 하고 죽어간 함성

보도연맹 예비검속자
여순사건 구속자
4.3 구속자
대전형무소 수형자
그리고 ······

땅의 소리는 하늘이 알고
하늘의 소리는 땅이 듣는
꼬리에 꼬리를 무는 음양의 조화
음지가 양지 되고
양지는 다시 음지가 되는

씨앗은 퍼져 대지에 뿌리를 내리고
대지는 하늘의 뜻을 받아 땅은 갈라지고
자신의 몸을 내어놓고 뼈다귀의 자양분을 받은
잡초는 자라 무성한 잡초는 자라
여기 우리가 잠자노라!

사선의 총구 앞에서
이민족의 수탈과 참혹한 고문도 이기고 살아
독립의 함성을 듣고
이 땅에서 영문도 모르고 죽어간
한때는 사라지고
카메라 뒤에 숨어서 지켜보던 푸른 눈도 사라지고

양민학살의 현장
여기를 해설하는 사람
젊은 아버지에게
"아빠" 부르는 목소리
아이가 달려온다

*골령골을 동네에서 부르는 지명

주름꽃

기다랗게 길 따라 늘어서 피었습니다
70년 자란 들풀
돌보지 않은 대지의 시렁에서
밟으면 밟을수록
울면서 피었습니다
척박하게 마른 땅에서는
홀로 일어서 새벽이슬에 가슴을 풀어헤치며
아침 바람을 맞이한 날들을
일기로 쓰기도 하였습니다
대지는 하늘로 뚫고 올라오는 열림의 세상
하늘은 세상을 보호하는 덮개였습니다
사랑하지 못할 것들은 침묵으로
사랑하는 것들마저 침묵으로 견딘
현대사
인고의 시간을
아내를 잃은 슬픔으로
자식을 잃은 슬픔으로
아버지를 잃은 슬픔으로
어머니를 잃은 슬픔으로
사선에서 피는 꽃
총구 앞에서 엎드려 긴장하며 웃는
사람

본적이 있습니까
이유 없이 죽어간
학살의 총성이 울리던 저 기다란 무덤에서
모든 살점은 뭉개져 곤지가 되고
모든 영혼은 날아가 건천이 된
뼈다귀들
한 가닥 희망이 대지를 뚫고 올라오는 새싹이
양지의 틈으로 올라 올 때
70년을 기다린 주름꽃
통곡으로 피워 올렸습니다.

침묵의 노래
- 증언 현장을 보다

말하지 않는 사람들을 보았어
증언대에 오르다
조용히 눈감고 돌아서서 눈물을 흘리는 사람
단두대에 오르듯 주저하다 가는 사람
풀벌레 쓰르라미 소리만 풀피리처럼
소리로 남아
혼자 훌쩍이는 소리를
밤하늘, 검은 밤하늘로 별들은 빛나고
눈물처럼 떨어지는 하늘
사상의 검은 늪에 빠져
사람들은 안절부절
하지 긴 해를 바라보며 모든 것을 믿어버린
총구 앞에서
기억하고 있는 것은 해방의 기쁨
광복의 숨소리
부푼 꿈속에서 사람들은 안도의 몸을 펴고
웅크린 기억을 꺼내어 자유의 마당에
풀어놓았어
그것도 잠시 촌각의 시간이 지나가고 있었던
이 산하 이 땅
보릿고개 넘기기도 힘든 시절

사상고개도 넘기 힘들었어
알지도 못하는 사상 보다
총구가 먼저 와
둥그런 사상을 들이대며 포효하고
없었던 생각은 들어
무의 사상
빨강은 몰라
파랑도 몰라
검은 것도 몰라
흰색도 몰라
회색 하늘도 몰라
모르는 것투성이의 사상이
모든 것을 덮고
색깔로 말하는 사상을 몰라
죽음은 더욱 몰라
삶은 굴비처럼 엮여
구덩이나 동굴 앞에 선
떨리는 가슴
첫사랑
첫눈
첫울음
처음 시작은 언제나 미약한 여명
서릿발도 녹이지 못하는
대지의 꿈은 잠들고
깨어날 줄 모르는 소식을 안고 잠들고
언제나
증언대에 오르는

갈대 같은 마음을
풀벌레 쓰르라미 울음처럼
토해내고 싶은
침묵
대지는 잠자고
노랫소리는 땅속에서
교향곡으로 울려 퍼지고
아니리 아니리 노랫소리
명창의 노랫소리
죽은 사람이 만들어놓은 길을 따라
산 사람이 간다
열지어 간다
맑은 날
증언대에 오르다
먼 옛날 파랑새
솟아오르던 들판
녹두꽃 지고
식민의 나락으로 떨어진 조국이
해방의 날을 맞이하여
성조기 올라가던 하늘을 바라보며
한없이 울었던
아버지, 형, 누이, 삼촌, 아저씨, 아줌마 등
생각에
그만 울고 말았어
총구 앞에서 서 있던
생각에
그만 주저앉고 말았어

해방되고
5년 전쟁 통에 죽어버렸어
구덩이에 빠져버렸어
싸우지도 않았는데 주검이 된
원혼들의
뿌리
굴비처럼 엮여서
바닥에 엎드린 채 바라보는 눈
봄꽃은 지고
여름을 달래는 푸른 풀들의 향연
찬란한 대지에 묻혀
침묵의 노래를 부르는
젊은 날의 주검들
그 옛날
아버지를, 어머니를, 형을, 아우를, 누이를
이름 없이 죽어간 들풀들을
생각하면
폭풍같이 돋아 오르는
소름이 발을 멈추게 하는
정적

세상을 돌아보면
시간이 지나면 안 죽은 사람은 없어
할아버지
할머니
모두 세상에
선산으로 돌아가고

유명을 달리한 사람들도
모두
말하고 싶지 않은 삶을 살아
입 다물고
죽은 사람들은 죽고
산 사람들은 살아
현대사의 핏빛 전설을 만들고
고대사보다 더 미궁의 전설을 만들고
증언은 짧아
하는 말
"우리 아버지는 죽었습니다.
 저는 왜 죽었는지 어려서
 모릅니다. 요"하는
또 다른 침묵의 현장에서
말 못 하는 사람들의
떨어지는 눈물의 폭포
침묵

밥

- 사리면 보도연맹 유가족 결성집회에서 우OO씨 의 증언

밤에 아버지가 불려 나갔습니다. 요
바로 돌아 온다구 말을 하고, 요
할머니는 가지 말라고 하는데 아버지는
그때는 가면 금방 올 것처럼 나갔습니다. 요
다음날이 되어도 아버지가 오지 않았습니다. 요
할머니는 어디서 숨겨 둔 것인지 찹쌀을 꺼내서 밥을 했습니다. 요
그러고는 나한테 아버지 주재소에 있을 테니 가져다주라고 했습니다. 요
주재소에 갔더니 아버지가 없었습니다. 요
주재소 순사가 증평 거기 가면 가마니 창고에 있을 거라고 했습니다. 요
가마니 창고에 가니 거기에 없었습니다. 요
-눈물이 맺혔다.
그때 내가 중핵교 다닐 때 였습니다. 요
아버지를 찾으려고 물으니 양조장에 있다고 하였습니다. 요
증평양조장에 갔습니다. 요
군인 복장을 하고 있어서 나는 경찰인지 군인인지 분간이 되지 않았습니다. 요
왜 왔느냐고 물어서 아버지 밥을 가져왔다고 했습니다. 요

창고 안에는 뒤로 묶인 사람들이 굴비처럼 앉아 있었습니다. 요

군인 옷을 입고 있던 사람이 아버지의 결박을 풀어주었습니다. 요

아버지는 '몇 숟가락 떠먹더니 나에게 먹으라고 했습니다. 요

-손이 눈가로 올라갔다.

내가 밥을 먹었습니다. 요

아버지는 그것을 쳐다 보시고 계셨습니다. 요

내가 아버지를 본 것은 그게 마지막이었습니다. 요

그리고 집으로 오는데 작은할아버지를 봤습니다. 요

작은할아버지는 나 더러 어디에 가느냐고 물었습니다. 요

아버지 밥 가져다주고 집에 가는 중이라고 했습니다. 요

종주 할아버지는 집에 갈 것 없다 그러고는 나를 데리고 피난을 갔습니다. 요

나를 종손이라고 종주 할아버지는 나만 데리고 미원 쪽으로 기억은 잘 나지 않지만

피난을 갔습니다. 요

할머니한테는 아버지 밥 갔다줬다는 말도 못 했습니다. 요

그냥 밥 담았던 바가지를 든 채로 종주 할아버지 따라갔습니다. 요

그게 내가 본 아버지의 마지막입니다. 요

-눈물이 흘렀다.

지금까지 그냥 이렇게 농사 지으멘서 살고 있습니다. 요
나는 아는 게 없습니다. 요

나중에 얘기를 들으니께 불을 놓고 총 쏘고 해서 다 죽

였다고 했습니다. 요
  메칠 있다가 할머니가 아버지 시신은 찾아서 장례를 했다고 했습니다. 요
  동네에서 죽은 사람이 많아서 한 집에 '오멩씩 나누어서 그냥 묻었다고 말만 들었습니다. 요
  나는 아는 것이 없습니다. 요
  아버지가 밥 잡수시는 것을 본 것이 나는 마지막이었습니다. 요
  할머니에게 밥 담았던 바가지도 못 전해 주었습니다. 요
  아버지는 뒤로 결박된 채이었습니다. 요
  아버지가 보련에 들어갔다는데 나는 그게 멘지도 모릅니다. 요
  아버지는 밥을 '몇 숟가락 먹고 나에게 먹으라고 했습니다. 요
  그게 마지막입니다. 요
  아버지는 물끄러미 바라보고 있었습니다. 요
  정말로 나는 아는 게 없습니다. 요
  -주름진 얼굴을 만지며 단상을 내려오고 있었다.
  -주름진 역사 52년이 흘러가고 있었다.

*보련:보도연맹의 준말

하늘나라에도 별이 있는가 보다

- 충북지역 민간인 피학살자 유족 증언대회에서 정순옥 씨의 증언

아버지는 당시 26세 였습니다.
어머니는 당시 25세 였습니다.
저는 그때 나이가 다섯이어서 알 수 있는 것은 없습니다.
그러나 제가 어머니에게서 들은 대로 말씀을 드리겠습니다.
육이오가 나던 해 7월 무렵 새벽에 경찰이 들이닥쳐
보리쌀을 씻고 있던 어머니와 아버지의 손을 묶어서 경찰서로 연행해 갔답니다.
감금을 2-3일 시켰답니다.
한밤중에 천막을 씌워서 만든 트럭에 실어서 한참을 어디론가 실려갔다고 합니다.
내려보니 살고 있던 곳에서 얼마 안 되는 쌍수리였다고 합니다.
경찰들이 막 끌어 내리더니 총살을 하였답니다.
그때 아버지가 옆에 같이 있었답니다.

- 이미 초로의 딸 떨리는 목소리가 있었다.

얼마나 시간이 지났는지는 모르는데 눈을 떠 보니 하늘에 별이 반짝이더랍니다.
어머니는 "아, 하늘나라에도 별이 있는가 보다."

생각했답니다.
거기서 어머니는 아홉 발의 총탄을 맞고
시체 더미와 같이 움직이지 못하고 있었답니다.
어떤 할아버지가 오셔서 살아날 수 있었답니다.
마침 청주상고에 인민군 야전병원이 있었는데
3개월 정도 치료를 받고 살아나셨답니다.
그 후 얼마 있다 유복자인 동생을 낳았는데 얼마 있다가
오래 살지 못하고 죽었습니다.

그날 어머니는 누군가 꼭 껴안고 있는 느낌이 있었다고 합니다.
하늘엔 별이 반짝이고
하늘나라에도 별이 있는가 보다

어머니는 오늘 기도원에 가셨습니다.
여기 오시기가
감사합니다

- 아직도 세월은 불온하게 흘러가고 있었다.

뜨거운 여름 이야기
- 한국전쟁 중 학살에 부쳐 에필로그 대신하여

뜨거운 여름날
겨울이 왔다
뜨거운 비가 내리는 하늘에서
죽음의 총성은 울렸다.
머리에 한 아름 용수 꽃을 올려 쓴 채
땅으로 번지는 작약같이
붉은색 선혈이 번지는 대지
쓰러진 뭉텅이처럼 지는 사람 꽃
붉은 핏빛의 노을처럼 지는
우리의 땅들은 죽음의 벌판
잘못한 것이 무엇인가
하늘을 볼 수도 없고
내리비치는 발밑 땅의 전설 안고
황톳빛 땅으로 스며드는 시선을 밟으며
굴비 엮듯 몇 명씩 묶여
우르르 우르르
뜨거운 여름이었다
일제가 끝나고 해방
살기와 죽음을 견딘 나라에
전쟁은 오고
누구든 삶과 죽음의 문턱에서

백성들은 무기도 없이 놓여 있었다
이미 수감 된 사람들은 손을 묶고 용수를 쓰고
사선에 서 있었고, 죽음의 순서도 없었다
젖먹이도, 노인도,
아녀자도, 청년도
장년도, 장애인도

경인년 그해
나와는 다르다는 이유
그렇게 봉선화 울타리 만발한
골목길을 돌아
무궁화꽃 울타리 따라
성큼성큼 탱자나무 울타리
진녹색의
피멍 같은 눈물
개울을 따라 흐르던 핏물
사랑하는 가족의 역사
그해 그냥 있었네

죽음의 벌판 골짜기를 지나 강변 바닷가에
들풀처럼 있었던 사람들
전장에서 군인도 아닌 사람들이
무장도 하지 않은 사람들이
총을 든 사람들에게
무자비하게 죽어간
1950년 무렵의 사람들
인간만큼 무서운 것이 없던

사람들
뜨거운 여름 폭염이 얼음 되어 견딘 산하에서
풀들이 여름 가뭄에 죽어가듯
쓰러진 들판 산 강 바다
들풀처럼 메말라 없어질지라도
비 내리면 새싹이 올라오고 푸르러지리라
총성에 죽어간 사람들의
씨앗들이 아무것도 없는 벌판에서
살아오리라
푸르게 올라오는 새싹처럼
뜨거운 여름 그날의 이야기를 말하리라

무시무시한 것이 많다 해도 인간보다 더 무서운 것은 없다네*

그 이야기의 끝이기를

*안티고네 해설 코러스 : [자아] 김석, 은행나무. 2017. 7. 31. 57쪽

■ 해설

시로 쓰는 민족비극사에 담긴 한(恨)의 서정

김윤환

■ 해설
시로 쓰는 민족비극사에 담긴 한(恨)의 서정

김윤환 시인, 문학평론가

1.
 민족의 문제가 한국 문학의 화두가 되는 것은 일제강점기의 8·15광복절, 한국전쟁 3년 전후의 역사적 사건들이 온 겨레에 큰 충격과 씻을 수 없는 상처가 지금까지 계속되고 있기 때문일 것이다.
 스페인의 시인 가르시아 로르카는 "시인은 그의 민족과 울고 웃지 않으면 안된다."고 말한 바 있다. 문학의 양상이나 형태는 다양할 수 있겠지만, 문학인도 한 인간으로서 존엄성과 한 민족의 씨알로서 가야 할 길은 동일한 가치를 지닐 수밖에 없다.
 이념 갈등으로 인한 국가폭력으로 격심하게 얼룩지고 왜곡되어온 한국 현대사의 폐해를 청산하지 못한 부작용 이상의 고통을 후대에 물려주게 될 것이라는 시인의 인식으로 기록된 서사 시집이다.
 시로 쓰는 민족 비극사에 기록된 민간인 학살사의 작품을 보면 대체로 8.15해방과 1950년 한국전쟁 전후에 일어난 학살사건이 주 소재가 되고 있다.
 해방과 한국전쟁 전후기의 이념에 내몰리고 외세의 패권전쟁에 희생당한 민중들의 굴곡진 역사를 직시하여 바로잡고 새로운 역사의 비전을 펼쳐 보이는 일, 그 중심에 민간인학살로 희생된 영령들의 이름을 호명하여 위령하는 일을 오늘의 시인이 함께하는 일은 의식있는 독자에게 아픔과 각성의 공감을 전해 주고 있다.

2.
　박원희 시인의 민족비극사 서사시집은 총 90편의 서사를 11부로 나누어 1,2권으로 묶었다.
　제1부 '해방이 아닌 해방공간'이라는 소 주제로 시작되는데 그 중에 첫 시 「아침 햇살」에서 시인은 이 시집의 의미를 이렇게 노래하고 있다.

　　　(....전략....)
　　　무참히 죽어간 땅에서
　　　이제는 자신의 동족을 죽고 죽이는 참상 속에
　　　밝은 광복, 해방이 왔건만
　　　갈 곳이 더 없는 땅
　　　산 들 강 바다로 흘러가는 물은 바람은
　　　세월이 지난 지금도 흐르고
　　　유구한 역사는 입을 다물라 하는데
　　　백수광부 처의 노래처럼
　　　죽음의 강을 건너는 사람들의 노래가 끊임없이 흐르
　　는 땅
　　　새로운 바람은 불어도
　　　비탄에 겨운 노래일 뿐
　　　이러한 역사의 이야기를 조금 풀어 놓으려 한다
　　　(....후략....)
　　　— 시 「아침 햇살」 부분

　'자신의 동족을 죽고 죽이는 참상 속에 광복, 해방이 왔지만 갈 곳이 더 없는 땅' 한반도에 대하여 시인은 '죽음의 강을 건너는 사람들의 노래가 끊임없이 흐르는 땅 새로운 바람은 불어도 비탄에 겨운 노래일 뿐'이지만 그 비극의 역사를 반복하지 않기 위해 한 서린 이야기를 시로 풀어내고 있다.

시집 1권 속 제1, 2부는 1945년부터 해방직 후부터 1948년 단독정부 과정에 미군정 산하에서 빚어진 비극사의 시편을 싣고 있다.

당시 가장 많이 알려진 사건이 바로 제주 4.3 학살사건일 것이다. 시인은 「4·3 새벽 2시 제주 무장봉기 주민 토벌 학살」 시에서 1948년 4월 3일부터 1954년 9월 21일까지의 제주 민중의 봉기와 그에 따른 처절한 희생자들의 피눈물을 찍어 쓴 듯 비극의 서사를 시로 풀어내고 있다.

"1948년 4월 3일 새벽 2시 / 제주도 남로당 제주도 위원회 / 350명의 무장대는 12개 경찰지서 / 서북청년단을 중심으로 한 우익단체 / 지목해 습격 / '탄압이면 항쟁이다' / '조국의 통일 독립과 완전한 민족 해방' / '남한의 단독선거 단독정부 반대' (....중략....) "로 시작하여 제주토벌대 만행을 구체적으로 표현하고 그 만행의 과정을 "이승만 대통령의 가혹하게 탄압하라는 명령 / 서북청년단를 경찰에 편입 / 중산간 마을 1948년 11월 중순부터 소개령 / 소개 후 중산간 마을은 순식간에 95%가 소실 / 남아 있던 사람은 집단으로 희생되었다 / 토벌대는 무장대의 공격을 막기 위해 / 소개한 사람들에게 돌로 성담을 쌓고 보초를 세웠다 // 서북청년단의 무고한 학살 / '우리는 산 사람이다' 외치는 사람에게 / 무장대 복장으로 위장한 경찰이 쌀을 달라하고 학살 / 젊은 여성은 강간하고 / 임신부는 옷 벗겨 죽이고 / 강간하려고 하다 거부당하면 곤봉으로 마구 때렸다 / 그리고 죽창으로 여자들을 찌르라 하고 / 주민들을 집합시켜 무조건 죽이고 (....중략....)"

— 시 「4·3 새벽 2 | 제주 무장봉기 주민 토벌 학살」부분

시인은 이렇게 시로 울분을 토한다. 또한 시인은 제주 4.,3학살을 시인의 노래로 이렇게 정의하고 있다. "제주도는 학살의 땅이었다 / 학살이 끝난 제주도 / 도피자의 가족들은 / 눈 덮인 한라산을 / 어린 자식 시부모의 / 손을 잡고 산을 올라 / 많은 사람 굶어 죽고 얼어 죽고 (....중략....)" 어처구니없는 죽음에 대해 "현무암의 검은 대지는 그때를 말하듯 검게 빛나고 / 검푸른 제주의 바다는 피 멍든 색으로 4·3의 소리처럼 멀리서와 파도 소리로 부서져 / 못다 한 노래를 부른다"고
　이 외에도 이 시집 1부에서는 「건국준비위원회」, 「미군정」, 「이승만 정부」를 시적 소재로 이야기 함으로써 학살의 기원을 명쾌히 밝히고 있다,
　이어 2부 한국전쟁 전 학살사건을 노래한 것은 「4·3 새벽 2」 제주 무장봉기 주민 토벌 학살」을 비롯 「46년 대구의 시월 항쟁」, 「여순 사건 이후 학살」과 「여순사건 연계 순천학살」을 다루고 있고 「거제도 야산대 토벌 학살」, 「함평 양림 학살」과 「문경 석달마을 학살」, 「영덕군 지품면 학살」, 「경주 내남면 민보단장 이협우」 등 전국 각 지방의 한국전쟁 초기의 학살 사건을 시로 표현하고 있다.

3.
　제3부에서는 한국 전쟁 초기 보도연맹 및 형무소 재소자의 학살을 소재로 한 서린 서사를 노래하고 있다. 그중에 시인의 고향이자 삶의 품인 청주의 비극사를 시를 표현한 것이 「청주 오창 창고 보도연맹 학살」이다.
　이는 1950년 6월 30일~7월 초 사이에 발생한 청주 오창의 창고에서 민간인의 수감과 학살, 그리고 미 공군의 참살 사건을 묘사하고 있다.

"사람이 아니었다./ 전쟁이 나자 / [비상사태 하의 범죄 처벌에 관한 특별조치령]을 / 대통령은 발령하였다 // (...중략....) 오창에서도 수백 명을 / 보도연맹 가입자를 불러 / 오창 양곡 창고에 구금하였다 / 수도사단 헌병대는 이 중 일부 / 중요 인물 및 도주자를 잡아 / 창고 내외에서 사살 폭행 치사하였다 // (...중략....) // 아침이 되었다 / 도륙이 된 창고에 / 공습이 이어졌다 / 창고에 살아있던 사람마저 / 지나갔던 / 죽음의 소용돌이가 또 왔다 / 네이팜탄, 기총소사가 요란하게 몰려다녔다 / 사람 사는 세상이 아니었다 / 지붕이 날아가고 / 벽채가 불에 타고 / 살점은 누구의 것인지 / 여기저기 걸쳐 있었다 / 팔이 없어지고 / 다리가 없어지고 // 사람이 사람이 아니었다 // 변기통 몇 개로 무더위와 용변 해결하며 / 냄새나는 창고를 지킨 것은 차라리 천국이었다 / 발목까지 차이는 피를 밟고 선 오창 양곡창고 / 학살의 / 한 시대가 / 도랑을 타고 / 시내를 타고 / 강을 타고 / 바다로 / 붉은 노을로 / 타오르고 있었다"
— 시「청주 오창 창고 보도연맹 학살」중 부분

　실체가 불분명한 이념 때문에, 자신들의 이익을 위해 민중을 희생양으로 삼은 권력에 의해 이유도 모른 채 참혹하게 희생당한 당시의 청주 오창의 비극의 현장을 오늘에 다시 환기시키고 역사적 단죄를 요청하고 있다. 이 비극에는 외세의 개입과 이념을 무기로 권력을 유지하고자 했던 집권 세력과 그에 부화뇌동한 군과 경찰의 반민주적 비인권적 무지가 단초를 이룬 것이다.
　제4부에서는 한국전쟁 초기 보도연맹에 의해 자행된 학살을 소재로 통곡의 노래를 하고 있는 것이다. 그 중에 「마산 괭이 바다 학살」의 서사시를 살펴보자.
　이 시는 한국전쟁 초기인 1950년 7월 5일 마산에서 국민보도연맹원의 만행으로 형무소 수감자를 바다에 수장시키는 악마적 사건의 이야기가 그 소재다.

　　{....전략....}
　　"바닷가 / 헌병들이 배의 아가리로 줄 맞추어 있는 가운데를 / 용수를 쓰고 / 밧줄에 묶여 / 앞 사람의 허리를 붙잡고 / 지내 같이 서서히 / 그러나 빠르게 / 괭이 바다 앞 썰물로 빠진 바닥을 / 배의 아가리로 / 트럭에 실려 온 / 마산, 창원 / 마산에 일찍이 구속된 형무소 사람들 / 예비검속된 보도연맹 사람들 / 전차(戰車)가 내리는 길을 따라 / 배 속으로 들어갔다 // 괭이 바다 괭이 소리로 파도와 / 밀물이 몰려와 / 전차 상륙함을 / 물이 들어 올리자 / 배는 육중한 배는 / 부우웅~~ / 배는 출발해 거친 바다의 가운데서 / 밧줄에 묶인 사람들을 줄줄이 / 바다에 던져지고 / 발길질로 물 위로 오르면 / 드르륵 드르륵 / 탕 탕 탕 / 수장으로도 부족해 / 총으로 물을 향해 쏘았다 / 비무장에 바닷속에서 / 무참히 죽었다 // 괭이 바다의 / 고양이 울음소리는 / 죽은 영혼의 소리 / 아무리 들어주어도 / 수장한 영혼들이 끝없이 / 썰물에 쓸려나갔다 / 밀물에 밀려오는 / 울음소리 / 억울한 노랫소리 // 트럭에 실려와 / 군함을 타고 / 흩뿌려지는 / 국화꽃처럼 / 둥둥 떠나가는 사람들 / (...후략...)"
　　— 시 「마산 괭이 바다 학살」부분

　시인은 '마산 괭이 바다'의 파도 소리를 오늘에도 '고양이 소리로 오고, 살아 오르는 사람들의 아우성'으로 듣고, '괭이 바다 고양이 소리는 그날 그 자리 그 사람들의 무자맥질 소리, 살려고 울부짖는 소리'로 들려주고 있다.
　시인은 그 외에도 4부에서 나주, 제주도 섯알오름, 해남 송지면. 완도군, 옥천군, 영동군 어서실, 사천, 고령군, 밀양, 통영, 비금도, 영동 학산 경산코발트광산, 울산, 영천, 양산, 도장골, 골령골 등 한국 전쟁 초기에 발생한 전국 각지의 민간인 학살 기록을 시로 노래함으로 문학이 비극의 역사에 대한 책무를 감당하고 있다.

4.
1950년 9월 17일 미군의 인천상륙작전으로 한국전쟁은 새로운 국면을 찾게 되었다. 그 해 9월 28일 서울 수복을 하자 북한의 인민군과 자생 빨치산은 각자 도주와 산속으로 숨어들었다.

국군이 다시 수복한 각 지방에서는 북한군이 점령할 당시에 불가피하게 그들에게 부역할 수 밖에 없었던 애꿎은 민간인들이 대거 학살 되었다. 이에 대한 기록을 박원희 시인은 이렇게 절규하며 노래한다.

　　6.25 한국전쟁 / 수복되고 북에 동조한 사람들 본인은 모두 없어졌어 / 남은 이들은 부모 아내 자식들 / 그리고 가솔로 있었던 형제 / 원 부역자가 떠난 자리는 힘없는 사람들 / 그렇게 있다 모두가 처형 되었지 / 그것도 모두 조직적으로 // 도망간 사람의 가족들 / 죽음으로 어미의 젖을 빠는 어린아이까지 / 자기와 대치된 자도 / 없으면 아내, 자식, / 아비, 어미, 형제도 없이 처형했지 / 전쟁터에서 죽은 이보다 전장 밖에서 / 죽은 이가 더 많은 / 충주 엄정 길을 가면서 다리가 떨려 갈 수 없었네 // 엄정에서는 / 좌익이 지나가면 우익 / 우익이 지나가면 좌익 / 모두가 그렇게 대신 죽은 자들이 고개를 넘지 못하고 / 영혼들이 좌우를 몰라 헤매고 / 어린아이의 영혼도 좌우로 / 도리도리하면서 배우던 웃음소리도 / 모두 대살로 / 도륙되어 묻힌 땅 // 탕. 탕. 탕 / 총소리 울음소리도 묻어간 / 한 시대 / 전쟁은 군인들보다 더 많이 / 싸움도 없이 민간인이 / 총칼

도 없이 적이 된 / 일방적인 죽음이 더 많은 이 산 들 강으로 흐르는 / 피의 땅이여 / 숨죽인 노래 / 아비 대신, 남편 대신, 아들 대신 … 대신 죽은 / 代殺
　— 시「대살(代殺) ; 충주 엄정면 학살」

이 시는 서울 수복 후 1950년 10월에 전국 도처에서 일어난 민간인 학살에 있어 좌우익 진영의 적극적 참여자들은 이성을 잃고 만행을 자행했다. 그때 아비 대신, 남편 대신, 아들 대신, 이렇게 대신 죽은 원혼들을 위무하는 눈물의 노래를 시인이 대신 부르고 있는 것이다.

6부 전쟁 중 토벌부대의 민행을 그린 작품인데 빨치산과 함께 살거나 있었다고 무참히 살해당한 민초들의 이야기를 그리고 있다. 그 중에 나주군 다도면 학살 이야기는 정말 가슴이 미어진다.

1950년 7월부터 이듬 해 5월 사이 토벌대에 의해 토벌의 대상이 된 사람들의 비극사를 시인은 이렇게 노래한다.

　　다도면은 철애재를 사이에 두고 / 봉황면의 군경과 / 다도면의 인민군 / 대립 중 주민들은 양쪽 눈치를 보며 / 피난 생활을 반복하는 / 산 사람이 사는 국사봉으로 가는 경계였다 // 1950년 7월부터 1951년 5월까지 / 빨치산 토벌 작전 / 국군 11사단, 경찰은 / 견벽청야 작전 / '작전 지역 내에 있는 사람 전원총살' / '공비의 근거지가 되는 가옥 전부 소각' / 다도면 주민은 학살의 대상으로 / 봉황면의 일부 주민은 부역 혐의자 / 입산자 가족으로 몰려 살해되었다 // 주랭이재 / 방죽고랑 / 독적골 / 만산리 산월마을 / 비바위 / 불회사 앞산 / 조리촌 마을 냇가 / 도동리 척동마을, 평지마을 / 덕림리 준적마을, 국사봉 / 방산리 한적마을 / 버드재, 다수재, 송길재 / 황룡리 와랑촌 / 덕촌리, 판촌리, 궁원리 / 마정리 강정마을 / 신기마을 신동리 / 너릿재 /

방축 효망저수지 / 이름하여 붙일 수 있는 다산면 // 곳, 곳 / 시체는 널브러져 있고 / 피난을 가려고 해도 갈 곳이 없었던 사람들 / 젊은이들은 골라서 먼저 죽이고 / 갓난아기, 어린이, 부녀자, 노인, 장애인 / 가리지도 않았다 / 총소리에 놀라 피난길에 오르면 / 경찰 군인이 나타나 살해하고 / 전과로 보고하고 / 죽은 사람들은 / 비무장 민간인 이었다 // 효수와 척살 총살 때려죽이는 / 아비규환의 다도면 일대 모든 마을 / 인천상륙 작전 후 / 산 사람이 된 인민군 빨치산 / 국방군과 경찰 / 사이 / 야경을 서다 / 불귀의 객이 된 사람들 모두 / 살고 싶은 사람들이었다 // 10개월간 / 군경은 사람만 보이면 모두 죽였다 / 젖먹이에게도 / 노적가리에도 총을 쏘았다 / 총을 맞고도 살아난 사람 / 총알이 피해 간 사람 / 질기게 죽음과 삶의 경계에서 / 살아 있어도 산 것이 아니었던 / 나주군 다도면 / 11사단 20연대, 9연대 / 경찰 / 어쩔 수 없이 숨거나 달아난 사람들 / 총격을 가하고 칼을 휘두르고 / 사람들은 선혈을 뿜으며 죽어갔다 / 일제의 고개도 넘었는데 동족의 고개를 넘지 못하였다

- 시 「나주군 다도면 학살」 전부

이 시를 통해 다른 고장에서 일어난 비극은 미루어 짐작하기 어렵지 않다. 7부에서는 한국전쟁 전후 토벌대의 만행에서 함평 11사단의 학살사건을 서사시로 기록하고 있다.

5.
시인은 학살이 남한의 보도연맹이나 국군, 경찰 등 우익에 의해서만 자행된 것이 아니라 인민군과 좌익 세력 또한 참담한 학살을 자행했음을 시로서 고발하고 있다. 1950년 9월 25일 인천상륙작전 후 인민군에 의해 양평 청평호에

양민이 수장 학살된 사건을 이렇게 기록하고 있다.

　　인민군은 퇴각에 정신이 없었다 / 유엔군의 인천 상륙 / 서울 수복 / 인민군의 점령지 허리를 치고 들어온 / 유엔군의 파죽지세에 밀려 / 백두대간을 타고 / 퇴각하고 / 때를 맞추어 우익에 대한 학살도 잊지 않았다 / 퇴각하는 인민군에게 학살당하는 백성 // "빨리 타라우" / 해방 전 지어진 청평호 / 총구 앞에서 어찌할 수 없이 / 배에 오른 우익의 백성 / 총도 죽창도 돌멩이도 / 아무것도 들지 않은 / 백성들 / 몸은 새끼줄로 묶이고 / 가을 강바람은 차갑고 / 마음은 졸이고 / 몸은 사시나무 / 죽음을 예감한 몸은 떨었다 / 배는 호수 한가운데로 / 나아가 / 멈추고 / 총구는 불을 뿜어 / 학살은 시작되었고 / 두 명이 한 명씩 물속으로 던져 / 시체는 청평호 물고기 / 고기밥으로 수장 되었다 / 전쟁의 희생자는 군인이 아니다 / 백성이 희생양 / 사람이 사람으로 보이지 않는 전쟁 / 힘없는 백성은 잡초처럼 뽑히고 / 전쟁은 / 모두 미래의 적으로 / 봄날 목련이 떨어져 쌓이듯 / 하얀 꽃잎처럼 검게 짓밟히고 / 혼적도 남음이 없는 / 청평호의 원혼들 / 도망가는 인민군에게 수장당하는 / 학살 / 학살 / 이유 없는 죽음이었다

　　― 시「양평호 수장 학살」전부

　　인민군이 퇴각하면서 수 많은 양민을 학살한 것을 보고 전쟁이 얼마나 인간을 악마화 하는 지 시인은 통곡의 심정으로 노래하는 것이다. 「양평호 수장 학살」 외에도 「박순기 인민군과 지방 좌익에 의한 죽음」, 「청주에서 인민군에 학살」, 「홍성군 좌익에 의한 학살」, 「나방환 일가의 죽음」 등을 살풀이처럼 시로 노래하고 있다.

9부에서는 미군에 의한 학살을 다루고 있다.

1950년 7월 25일 미군 제1기병사단에 의한 피란민 학살 사건을 시인은 이렇게 노래한다.

> "평화 / 전쟁이 없는 상태. 아니지 / 평화 / 부르는 이름이 비루해 // 평화 / 피난 가다 / 의심 없이 우리는 시키는 대로 / 철길로 올라왔어 / 진짜 평화롭게 / 누가 불렀지 // 미군! // 우리는 동굴에서 내려와 / 앉아서 밥해 먹고 / 철길에서 나란히 있었어 / 총구가 우리를 향하고 있는 줄 알았나 / 하는 말이 / 떨어지기 무섭게 / 하늘에서 우박같이 / 탄알이 쏟아지고 폭탄이 터졌어 / 철길에 철로 두 개에 자갈밭이지 / 훤하게 뚫린 하늘 / 피난민 모두는 사냥에 노출되었지 / 그리고 산 사람들은 너 나 할 것 없이 / 굴다리로 또 배수구로 / 뛰었지 / 지금 굴다리는 포장되었고 / 배수구는 모래톱이 많이 올라왔어 / 우리는 굴다리에서 얼마를 / 총탄 세례를 받았는지 몰라 / 무전기, 권총 몰라 // 아는 것은 솥단지 / 사상을 몰라 / 전쟁을 몰라 / 평화를 몰라 / 이승만이 버리고 간 땅도 사람도 몰라 / 빨갱이도 몰라 / 우리는 굴다리 밑에서 / 퇴각하는 미국 제1기병사단 / 기관총 앞에 서 있던 거였어 / 몰랐지 / (...중략...) // 평화, 무엇이 평화 // 평화 / 전쟁이 없는 것 / 아니야 / 거짓이 없는 것 / 평화 / 노구에 눈물 흘리며 떨고 있는 모습을 보아 / 노근리 평화공원 평화는 왔는지"
> — 시「노근리 평화공원」부분

외세에 의해 분단이 되고 내 땅 내 가족들이 도와주러 왔다는 이방군에 의해 학살되었다는 것은 참으로 비탄할 일이다. 시인은 노근리 평화공원의 유래를 되새기며 " 평화, 무엇이 평화 // 평화 / 전쟁이 없는 것 / 아니야 / 거짓이 없는 것 / 평화 // 노구에 눈물 흘리며 떨고 있는 모습을 보아" 노근리 평화공원에 진정 평화가 왔는지 묻고 또 묻고 있다.

미군의 양민 학살 사건에 대한 시인의 서사시는 노근리 평화공원 외에도 「의령 미군 포격 학살」, 「포항 여남동 헤이븐호 함포 포격 하살」, 「포항 기계천 폭격 학살」, 「은옥순씨의 1·4후퇴」, 「예천군 산성리 폭격 학살」, 「단양 곡계굴 학살」 등 폭격과 총격으로 희생당한 사건을 시로 기록하였다.

6.
시집의 후반부에서는 10부에 학살사건 외에 인물을 중심으로 증언하는 시편을 수록하고 있다. 특히 1950년 전쟁 중 의인이 안종실 구례경찰서장을 기리는 시편은 읽은 내내 가슴을 뭉클하게 한다.

    (...전략....)
    구례경찰서장
    본인이 전시 중 명령을 어기면서
    즉결처분
    죽음을 각오하고 살려주었다

    인민군의 남진에 밀려
    인민군의 땅이 되었다
    돌아온 곳에도
    인민군의 학살이 없었고
    민간인들의 보복도
    피비린내 나는 죽음이 없어진
    구례의 가을

(...후략....)

— 시「안종삼 구례경찰서장」부분

안종삼 서장 외에도 이웅찬, 남정식 등의 인물을 통해 전쟁에서 인간의 모습을 간직한 아름다운 이들을 노래하고 있다.

시집 말미에는 11부로 전쟁 그 후의 이야기를 담고 있다. 시인은 9부까지의 작품에서 역사적 비극을 사실적으로 묘사했다면 11부에서는 다분히 문학적 묘사로 돌아와 민족 비극사를 담담히 시로 노래하고 있다.

그중에 이 시집에 대한 시인의 소회가 잘 녹아 있는 작품으로 「침묵의 노래」가 여운이 크게 남는다. 이는 시인이 증언하는 이의 모습을 현장에서 직접 목격하고 듣는 심정이 고스란히 담겨있기 때문이리라. 시인의 목격하고 들은 증언의 현장을 함께 가서 들어 보자.

"말하지 않는 사람들을 보았어 / 증언대에 오르다 / 조용히 눈감고 돌아서서 눈물을 흘리는 사람 / 단두대에 오르듯 주저하다 가는 사람 / 풀벌레 쓰르라미 소리만 풀피리처럼 / 소리로 남아 / 혼자 훌쩍이는 소리를 / 밤하늘, 검은 밤하늘로 별들은 빛나고 / 눈물처럼 떨어지는 하늘 / 사상의 검은 늪에 빠져 / 사람들은 안절부절 / 하지 긴 해를 바라보며 모든 것을 믿어버린 / 총구 앞에서 / 기억하고 있는 것은 해방의 기쁨 / 광복의 숨소리 / 부푼 꿈속에서 사람들은 안도의 몸을 펴고 / 웅크린 기억을 꺼내어 자유의 마당에 / 풀어놓았어 / 그것도 잠시 촌각의 시간이 지나가고 있었던 / 이 산하 이 땅 / 보룻고개 넘기기도 힘든 시절 / 사상고개도 넘기 힘들었어 / 알지도 못하는 사상 보다 / 총구가 먼저

와 / 둥그런 사상을 들이대며 포효하고 / 없었던 생각은 들어 / 무의 사상 / 빨강은 몰라 / 파랑도 몰라 / 검은 것도 몰라 / 흰색도 몰라 / 회색 하늘도 몰라 / 모르는 것투성이의 사상이 / 모든 것을 덮고 / 색깔로 말하는 사상을 몰라 / 죽음은 더욱 몰라 / 삶은 굴비처럼 엮여 / 구덩이나 동굴 앞에 선 / 떨리는 가슴 / 첫사랑 / 첫눈 / 첫울음 / 처음 시작은 언제나 미약한 여명 / 서릿발도 녹이지 못하는 / 대지의 꿈은 잠들고 / 깨어날 줄 모르는 소식을 안고 잠들고 / 언제나 증언대에 오르는 / 갈대 같은 마음을 / 풀벌레 쓰르라미 울음처럼 / 토해내고 싶은 / 침묵 / 대지는 잠자고 / 노랫소리는 땅속에서 / 교향곡으로 울려 펴지고 / 아니리 아니리 노랫소리 / 명창의 노랫소리 / 죽은 사람이 만들어놓은 길을 따라 / 산 사람이 간다

열지어 간다 / 맑은 날 / 증언대에 오르다 / 먼 옛날 파랑새 / 솟아오르던 들판 / 녹두꽃 지고 / 식민의 나락으로 떨어진 조국이 / 해방의 날을 맞이하여 / 성조기 올라가던 하늘을 바라보며 / 한없이 울었던 / 아버지, 형, 누이, 삼촌, 아저씨, 아줌마 등 / 생각에 / 그만 울고 말았어 / 총구 앞에서 서 있던 / 생각에 / 그만 주저앉고 말았어 / 해방되고 / 5년 전쟁 통에 죽어버렸어 / 구덩이에 빠져버렸어 / 싸우지도 않았는데 주검이 된 / 원혼들의 / 뿌리 / 굴비처럼 엮여서 / 바닥에 엎드린 채 바라보는 눈 / 봄꽃은 지고 / 여름을 달래는 푸른 풀들의 향연 / 찬란한 대지에 묻혀 / 침묵의 노래를 부르는 / 젊은 날의 주검들 / 그 옛날 / 아버지를, 어머니를, 형을, 아우를, 누이를 / 이름 없이 죽어간 들풀들을 /생각하면 / 폭풍같이 돌아 오르는 / 소름이 발을 멈추게 하는 / 정적 // 세상을 돌아보면 / 시간이 지나면 안 죽은 사람은 없어 / 할아버지 / 할머니 / 모두 세상에 / 선산으로 돌아가고 / 유명을 달리한 사람들도 / 모두 / 말하고 싶지 않은 삶을 살아 / 입

다물고 / 죽은 사람들은 죽고 / 산 사람들은 살아 / 현대사의 핏빛 전설을 만들고 / 고대사보다 더 미궁의 전설을 만들고 / 증언은 짧아 / 하는 말 / "우리 아버지는 죽었습니다. / 저는 왜 죽었는지 어려서 모릅니다.요"하는 / 또 다른 침묵의 현장에서 / 말 못 하는 사람들의 / 떨어지는 눈물의 폭포 / 침묵
— 시「침묵의 노래」전부

7.
한국전쟁을 전후하여 발생한 민간인 학살은 국가권력의 지시와 방조 속에서 자행되었고, 반공 이데올로기를 통해 정당화되었다. 국가권력은 학살을 빨갱이 처형이나 공비의 만행으로 공식화함으로써 학살의 진실을 은폐하였다. 또 진상규명을 요구하는 목소리는 반공 이데올로기로 철저히 처단함으로써 유족들과 목격자들의 입을 봉하였다. 한국전쟁을 전후하여 자행된 민간인 학살 사건은 사회 구성원들의 침묵 속에서 망각되어 갔다. 학살 사건은 반공 이데올로기의 통제됨으로써 학살이 남긴 사회적 상처는 아직도 지속되고 있다.
이러한 가운데 한 시인에 의해 민족 비극사에 대해 침묵하지 않고 역사적 기록과 증언을 가슴으로 듣고 문학적으로 표현하는 작업은 박원희 시인 뿐 아니라 이 땅에 사는 시인으로서 동족의 고통, 비애를 무심히 지나지 않는 시인의 역사적 감수성을 보여주게 되는 것이다.
즉 문학을 통해 민간인 학살사건을 공론화, 대중화함으로써 75년 동안 마음속에 묻어 온 억울함과 고통을 세상에 드러내고 비로소 고통을 공유하고 같은 역사를 반복해서는 안된다는 각성이 온 겨레에 전해질 수 있을 것이다.
오늘날도 우리 사회는 스스로의 야만성과 폭력성을 가지고 있으며 해방 전후 이념 대립이 여전히 상존하고 있다.

시를 통한 민족 비극사를 노래하는 것은 학살을 죽은 사람의 이야기에서 죽인 사람과 눈감은 사람의 이야기로 확대하는 문학의 공적 책임이 있기 때문일 것이다. 이를 위해 문학판 특히 시단에서 깊이 들여다 보지 않는 문학계의 풍토에서 박원희 시인이 역사의 문제를 문학 범주로 확대함으로써 시의 존재 가치를 다시금 생각하게 해주었다.

바라기는 박원희 시인의 이번 '민족 비극사 서사 시집'을 통해 한국전쟁 전후에 자행된 민간인 학살의 반인륜적이고 반평화적인 행위에 그것을 유발한 정치권력을 규탄하고, 이러한 문학적 학습으로 다시는 유사한 비극이 이 땅, 아니 이 세계 어디에도 있어서는 안되는 것임을 독자도 문학인도 함께 인식하는 기회가 되길 기대해 본다,

■ 참고문헌

- 제주 4·3평화기념관 상설전시관 전시도록. 제주4·3평화재단. 도서출판각(유), 2018
- 여순병란 상/하. 이태. 청산, 1994
- 한국전쟁과 지역문화. 한국작가회의 충북지회. 정일품, 2020
- 사진과 그림으로 보는 북한현대사. 윤재봉. ㈜웅진 씽크빅. 2017
- 한국전쟁. 와다하루끼, 서동만 옮김. ㈜창작과 비평. 2000
- 브루스커밍스의 한국전쟁. 브루스커밍스, 조행복 옮김. 현실문화, 2019
- 기억여행. 박만순. 한국전쟁 전후 민간인 학살 진상규명충북대책위원회. 예담출판, 2006
- 박만순의 기억전쟁1~3. 박만순. 고두미, 2021, 2022, 2023
- 골령골의 기억전쟁. 박만순. 고두미, 2020
- 기억전쟁. 박만순. 예당
- 한국전쟁과 버림받은 인권. 신기철. 인권평화연구소, 2017
- 미국 비밀문서로 읽는 한국현대사1945-1950. 김택곤. 맥스, 2021
- 강좌 한국근현대사. 역사학연구소. 풀빛, 1996
- 다시 쓰는 한국현대사, 박세길. 돌베게, 1988
- 대한민국의 주홍글자. 문창재, 푸른사상, 2021
- 서중석의 현대사 이야기 1-2. 서중석 답 김덕련 묻고 정리. 오월의 봄, 2019
- 한국현대사 강의. 김인걸 외 편저. 돌베게, 2005
- 학살된 사람들 남겨진 사람들. 진주 민간인 학살 증언록. 피플파워, 2020
- 조선종군실화로본 민간인 학살. 신경득. 살림터, 2002
- 암살. 박태균/정창현. 역사인, 2016
- 미군 점령 4년사. 송광성. 나무이야기, 2024
- 조선정판사 '위조지폐' 사건 연구. 임성욱, 신서원, 2019
- 진실화해위원회 보고서. 2005~2010
- 오마이뉴스 연재 기사. 「박만순의 기억전쟁」
- K-TV 「기억 마주 서다」.
- 한국전쟁 민간인 희생 르포. 「살아남은 기억들」, 문경석달마을 사건. K-TV